記入する時に意識したい　6つのポイント！

① その年度に「特にその子が伸びた所」を書く

② 他児との比較や達成度ではなく、「育ちつつある姿」を書く

③ 読み手が小学校の先生であることを意識し、できるだけ具体的に書く

④ 否定的な視点での記述や、家庭事情など背景の記載は避ける

⑤ 保育者がしてきた指導・援助や、「こうするとよい」などの対応策を盛り込む

⑥ 文字の大きさなどにも気を付け、読みやすい書面を心がける

要録は、子どもの育ちつつある姿を小学校に伝える重要な書類です。様式の限られたスペースの中で、書くべき情報を取捨選択して記述することが大切になります

➡詳しくはp.46をチェック！

1. 新しい要録は何が変わった？

要録の大きな変更点は2つ。1つめは様式が変わったこと。2つめは「幼児期の終わりまでに育ってほしい姿」（10の姿）の視点が加わったことです。

序章 マンガでわかる
心配しなくて大丈夫！新要録を上手に書くコツ

平成30年度から新しくなった「保育所児童保育要録」。
「要録って、何をどう書いたらいいの？」「新しい要録は何が変わったの？」
不安でいっぱいなあなたも大丈夫！ 新要録の基本と、伝わる要録を書くコツをご紹介します。

書ける！伝わる！

保育所児童保育要録
書き方＆文例集

平成30年度実施

チャイルド本社

おさらい 「資質・能力」の3つの柱と「10の姿」

「資質・能力」の3つの柱

知識及び技能の基礎
感じたり、気付いたり、分かったり、できるようになったりする

思考力、判断力、表現力等の基礎
考えたり、試したり、工夫したり、表現したりする

学びに向かう力、人間性等
意欲をもつ、頑張る、粘り強く取り組む
つまり
心情・意欲・態度

「幼児期の終わりまでに育ってほしい姿」（10の姿）

- 健康な心と体
- 自立心
- 協同性
- 道徳性・規範意識の芽生え
- 社会生活との関わり
- 思考力の芽生え
- 自然との関わり・生命尊重
- 数量や図形、標識や文字などへの関心・感覚
- 言葉による伝え合い
- 豊かな感性と表現

「幼稚園教育要領」「保育所保育指針」
「幼保連携型認定こども園教育・保育要領」より抜粋

この2つの観点で考えると、5領域の活動を通じて**子どもが何を経験し、その経験で何が育っているか**、という子どもの育ちがみえてきます。

2. 「10の姿」を取り入れて書こう！

5領域も「10の姿」も両方とも大切です。5領域の活動から「10の姿」を意識して、子どもの育ちをみましょう。

まずは遊びや活動が5領域でバランスよくできていたかをみて、

その中にある「資質・能力」や「10の姿」を捉えるといいのよ

5領域の活動から「10の姿」を意識して子どもの育ちつつある姿をみていけばいいんですね！

これで「10の姿」の考え方はわかったかしら？

はい

書き方テクニック❶
「資質・能力」の3つの柱や「10の姿」のキーワードを盛り込もう！

5歳児の要録では、幼児教育において育みたい「資質・能力」の3つの柱や「幼児期の終わりまでに育ってほしい姿」（10の姿）のキーワードを盛り込みましょう。

「キーワードを入れよう」と意識して、要録を書いていくと、必然的に「資質・能力」の3つの柱や「10の姿」の視点で、子どもの姿を見直すことになります。また、これらのキーワードは、小学校の先生に伝わりやすい言葉でもあります。

「3つの柱」のキーワード

例えば「思考力、判断力、表現力等の基礎」では…

- キーワード
  - ・考える　・試す
  - ・工夫する　・表現する　など

「10の姿」のキーワード

例えば「思考力の芽生え」では…

- キーワード
  - ・物の性質や仕組みを感じ取ったり気付いたりする
  - ・考えたり、予想したり、工夫したりする　など

キーワードを生かして要録の文章に！

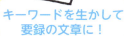

砂場で夢中になって遊ぶうちに、砂や水の性質に気付き、どうしたら勢いよく水が流れるかを考え、何度も試したり工夫したりしながら、粘り強く取り組んでいた。

4歳児以下の要録を書く場合は、発達に沿った表現にしましょう！

p.44の「5歳児後期の育ちの姿シート」にキーワードを掲載！

序章 新要録を上手に書くコツ

書き方テクニック❷

その子らしさが伝わる要録にしよう！

　どの子の要録も同じようになってしまっていませんか？　1つの活動でも、子どもによって楽しんでいることや学んでいることは様々です。その子が何に興味をもち、何が育っているのか、しっかりとみて保育記録に残しましょう。そして、その記録を振り返りながら、「その子が特に伸びた所」「その子らしさがよく伝わる内容」を選び、要録に記入していきます。その際、「10の姿」を網羅する必要はありません。その子が特に伸びた姿を選んで書きましょう。

4. プラスの視点で書こう！

保育者は、子どもの気になる所を書いてしまいがち。でも重要なのは、子どもの伸びた所に目を向けて書くことです。

5. 育ちを多面的に書こう！

子どもはいろいろな育ちをしています。小学校の先生は、どんなことを要録に書いてほしいと思っているのでしょう。

小学校の先生に聞きました

小学校の先生は、要録でどんなことが知りたいの？

● その子らしさを伝えてほしい

どの子も同じようなことが書いてある要録だと、その子の個性がわかりません。要録を読むことで、あらかじめその子の育ちを理解し、入学後の指導に生かしたいと考えています。担任の保育者だからこそ知っている、その子の姿を教えてほしいです。

● 課題ばかり書いてあると…

「手のかかる子が来るぞ」と先入観をもってしまいます。

● 育ちを多面的に知りたい

子どもの人間関係の育ちも知りたいですが、そればかりではなく、「10の姿」の「思考力の芽生え」「社会生活との関わり」「自然との関わり・生命尊重」のように、小学校の生活科などにつながるような興味・関心についても知りたいです。

6. 書く時の注意点とは？

要録に書く文章のポイントと、使用する筆記用具や保管方法など、注意事項を確認していきましょう。

書き方テクニック❸
文章の書き方、基本のき！

●**誤字・脱字がないかチェックする**
間違いのないよう、確認しましょう。他の保育者に読んでもらってもよいでしょう。

●**具体的に書く**
抽象的な表現ばかりだと、読み手に子どもの姿がよく伝わりません。生き生きと子どもの姿がイメージできるよう、具体的に書きましょう。

●**だらだらと長く書かない**
たくさん書きたいことがあっても、細かい文字でびっしりと記入欄を埋めてしまうと、読みにくくなってしまいます。文章の量・文字の大きさ・改行など、読みやすくする工夫をしましょう。

●**園内でしか通じない言葉は使わない**
小学校の先生が読んだ時、わからない言葉は使わないようにします。

●**保育者が「〜させる」という表現は使わない**
「〜させる」という表現は、保育者中心の保育を行ってきたような印象を与えてしまいます。

●**主語と述語の関係をはっきりと**
主語が子どもなのに、文の途中から保育者がしたことになっていませんか？「誰が何をしたか」という主語・述語の関係を、はっきりさせましょう。

はじめに

　平成30年3月末に、幼稚園幼児指導要録、保育所児童保育要録、幼保連携型認定こども園園児指導要録の新しい様式が発表になりました。

　新しい保育要録では、「保育に関する記録」の様式に、「幼児期の終わりまでに育ってほしい姿」(10の姿)が記載されるようになりました。これは、園での子どもの育ちをわかりやすく小学校に伝え、それを小学校でさらに伸ばしていくためです。

　そのために、教科書がない幼児教育ならではの子どもの姿、環境を通した遊び(活動)における子どもの内面の育ちを、資質・能力の視点から要録に記載しましょう。遊び(活動)は余暇ではありません。子どもは遊び(活動)を通じて何に気付き、何を探究し、何を繰り返しながら身に付け、できるようになっているのでしょう。実践を通じて積み重ねてきた子どもの体験による学びを、保育士ならではの視点を大切にして記載してください。

　本書では、子どもの姿をプラスの視点で捉え、その子どもの育ちつつある姿が伝わる書き方を掲載しています。また、日々の保育の記録を要録に生かす方法も紹介していますので、参考になさってください。

　本書が皆様の保育要録作成に役立ち、子どもたちの学びと育ちが未来へ引き継がれていくことを願ってやみません。そして要録を通じて、小学校の先生方が幼児教育の奥深さに気付いてくださることを祈念しております。

2018年12月

大阪総合保育大学大学院　教授
大阪総合保育大学　学長
文部科学省 幼児理解に基づいた評価に関する検討会　委員
厚生労働省 保育所児童保育要録の見直し検討会

大方美香

付属CD-ROMにデータを収録！
 ▶ 記入例・文例を収録しています。
 ▶ フォーマットデータを収録しています。

CONTENTS

序章 マンガでわかる
心配しなくて大丈夫！ 新要録を上手に書くコツ ……… 2
　1．新しい要録は何が変わった？ ……… 4
　2．「10の姿」を取り入れて書こう！ ……… 6
　3．保育記録を生かして書こう！ ……… 8
　4．プラスの視点で書こう！ ……… 10
　5．育ちを多面的に書こう！ ……… 12
　6．書く時の注意点とは？ ……… 14

はじめに ……… 16
本書付属のCD-ROMについて ……… 20

第1章 保育要録 記入上の注意点
　保育要録とは ……… 22　　作成から送付までの流れ ……… 23
　管理上の注意点 ……… 24　　記入上のルール ……… 25
　🔘 入所に関する記録 ……… 26　　🔘 保育に関する記録 ……… 29
　🔘 ［別紙］幼児期の終わりまでに育ってほしい姿について ……… 32
　すぐわかる！「幼児期の終わりまでに育ってほしい姿」（10の姿）解説 ……… 33

第2章 保育記録を保育要録に生かそう！
　日々の記録から育ちの姿を捉え、要録へ ……… 36
　「育ちの姿シート」を使って 育ちの姿をバランスよく捉えよう ……… 38
　「育ちの姿シート」記入例① 1日のシートから育ちの姿をピックアップ ……… 40
　「育ちの姿シート」記入例② 複数の記録をシートにまとめ、要録へ ……… 42
　🔘 「5歳児後期の 育ちの姿シート」 ……… 44

第3章　保育要録 記入のポイント&記入例

記入のポイント 46

記入例

1　自分より他児の世話を優先する子 50
2　勝ち気で負けず嫌いな子 52
3　苦手なことに集中しにくい子 54
4　造形表現が得意な子 56
5　消極的で受け身な子 58
6　外国がルーツの子 60
7　元気だが押しが強い子 62
8　友達とのコミュニケーションが苦手な子 64
9　初めてのことを怖がり消極的な子 66
10　欠席が多く、他児を見ないと行動できない子 68
11　間違いや注意されることを嫌がる子 70
12　活発だが強引な面がある子 72
13　異性の友達との遊びが多い子 74
14　食べるのに時間がかかる子 76
15　体幹が弱く、姿勢が保ちづらい子 78
16　気が散りやすい子 80
17　気になる子　個別の説明が必要な子 82
18　気になる子　体や心のコントロールが苦手な子 84
19　気になる子　こだわりがある子 86
20　気になる子　協調性がない子 88

第4章　アレンジして使える！ 保育要録 文例

文例

最終年度の重点 92

個人の重点 94

保育の展開と子どもの育ち

5領域　健康　　10の姿　健康な心と体 98
5領域　人間関係　10の姿　自立心 102
　　　　　　　　　10の姿　協同性 105
　　　　　　　　　10の姿　道徳性・規範意識の芽生え 108
　　　　　　　　　10の姿　社会生活との関わり 111

5領域 環境　　**10の姿** 思考力の芽生え ……………………………………… 114

　　　　　　　　　　10の姿 自然との関わり・生命尊重 …………………………… 117

　　　　　　　　　　10の姿 数量や図形、標識や文字などへの関心・感覚 ……… 120

5領域 言葉　　**10の姿** 言葉による伝え合い ………………………………… 124

5領域 表現　　**10の姿** 豊かな感性と表現 …………………………………… 128

文例

気になる子 …………………………………………………………………………… 132

最終年度に至るまでの育ちに関する事項

0歳児 ………………………………………………………………………………… 134

1歳児 ………………………………………………………………………………… 135

2歳児 ………………………………………………………………………………… 136

3歳児 ………………………………………………………………………………… 137

4歳児 ………………………………………………………………………………… 138

第5章 # 保育所型認定こども園の場合

保育所型認定こども園の場合 様式の考え方 ………………………………………… 142

幼保連携型認定こども園園児指導要録 学籍等に関する記録 ……………………… 144

幼保連携型認定こども園園児指導要録 指導等に関する記録 ……………………… 148

参考記入例 **0〜5歳児** 苦手なことを克服していった子 ………………………… 152

参考文例 **3歳児** 指導等に関する記録 ……………………………………………… 154

参考文例 **4歳児** 指導等に関する記録 ……………………………………………… 156

第6章 # 資料編

保育所保育指針の適用に際しての留意事項について（通知） ……………………… 160

保育所保育指針 ……………………………………………………………………… 165

配偶者からの暴力の被害者の子どもの就学について（通知）（抄） ……………… 190

個人情報の保護に関する法律（抄） ………………………………………………… 191

本書付属のCD-ROMについて

本書付属のCD-ROMには、各種フォーマット、記入例、文例のデータが収録されています。
以下の事項に合意いただいた上で、ご開封ください。

● 本書付属CD-ROMをお使いになる前に

【動作環境】
◎付属CD-ROMは、以下のOS、アプリケーションがインストールされているパソコンでご利用いただけます。

＜Windows＞
OS：Windows 7 以降
アプリケーション：Microsoft Office 2010 以降
　　　　　　　　　Adobe Acrobat Reader

＜Macintosh＞
OS：Mac OS X 10.8 以降
アプリケーション：Microsoft Office for Mac 2010 以降
　　　　　　　　　Adobe Acrobat Reader

◎付属CD-ROMをご使用いただくためには、お使いのパソコンにCD-ROMドライブ、またはCD-ROMを読み込めるDVD-ROMドライブが装備されている必要があります。

【使用上のご注意】
・付属CD-ROMに収録されたデータは、お使いのパソコン環境やアプリケーションのバージョンによっては、レイアウトなどが崩れる可能性があります。
・収録されたデータは、本書誌面と異なる場合があります。
・収録されたデータについての更新や、使い方などのサポートは行っておりません。
・パソコンやアプリケーションの操作方法については、お手持ちの使用説明書などをご覧ください。
・付属CD-ROMを使用して生じたデータの消失、ハードウェアの損傷、その他いかなる事態にも、弊社およびデータ作成者は一切の責任を負いません。

※Microsoft、Windows、Microsoft Office は、米国およびその他の国におけるMicrosoft Corporation の登録商標または商標です。
※Macintosh は、米国 Apple Inc. の商標です。
※Adobe Reader は、米国およびその他の国におけるAdobe Systems Incorporated の登録商標または商標です。
※本書では、商標登録マークなどの表記は省略しています。

● CD-ROM 取り扱い上の注意

・付属のディスクは「CD-ROM」です。オーディオ用のプレイヤーでは再生しないでください。
・付属CD-ROMの裏面に汚れや傷をつけると、データが読み取れなくなる場合があります。取り扱いには十分ご注意ください。
・CD-ROMドライブに正しくセットしたのち、お手持ちのパソコンの操作方法に従ってください。CD-ROMドライブにCD-ROMを入れる際には、無理な力を加えないでください。トレイにCD-ROMを正しく載せなかったり、強い力で押し込んだりすると、CD-ROMドライブが破損するおそれがあります。その場合でも、弊社およびデータ作成者は、一切の補償はできません。

● 付属CD-ROMに収録されたデータの内容

・ページの上部に下記のようなCD-ROMのマークが付いているものは、付属CD-ROMにデータが収録されています。

・図のような構成で、データが収録されています。

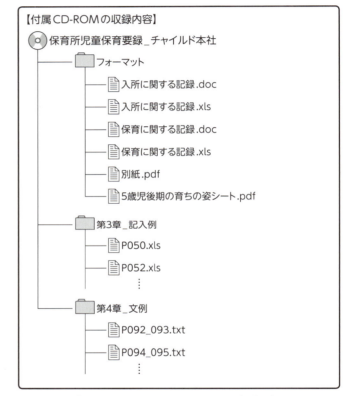

・お使いのパソコンの設定によっては、上図の順番で表示されない場合があります。
・付属CD-ROMに収録されたデータに、イラストは入っていません。

● CD-ROMに収録されている
　デジタルコンテンツの使用許諾と禁止事項

・本書付属のCD-ROMに収録されているデジタルコンテンツは、本書を購入された個人または法人が、その私的利用の範囲内においてお使いいただけます。
・本コンテンツを無断で複製して、第三者に販売・貸与・譲渡・頒布（インターネットを通じた提供も含む）することは、著作権法で固く禁じられています。
・本書付属のCD-ROMの図書館外への貸し出しを禁じます。

第 **1** 章

保育要録
記入上の注意点

「そもそも、『保育要録』って何？」

「様式のこの欄は、何を書けばいいの？」

「書く時＆保管する時の注意点は？」

気になる基本事項を、まず確認していきましょう。

保育要録とは

保育要録は、長く保存する必要がある大切な文書です。
普段の記録を生かして、充実した保育要録を作成していきましょう。

◆ 子どもに関する情報を小学校に伝える文書

「保育所児童保育要録」は、個々の子どもがどのような保育を受けて育ってきたかを、小学校などへ知らせる文書です。担任をもつ保育士は、担当するクラスの子ども一人ひとりについて作成します。

保育要録の目的は、小学校などへ子どもに関する情報を提供し、保育士と小学校の先生との間でそれらを共有することにより、子どもの育ちを支えていくことにあります。

内容には「入所に関する記録」と「保育に関する記録」という2つの要素があります。「入所の記録」は、幼稚園幼児指導要録の「学籍に関する記録」にならって新設された書式です。「保育に関する記録」は養護および教育が一体的に行われるという保育所保育の特性を踏まえながら、子どもの発達の過程を捉え、向上した点や援助を続けていくべき点、特別な配慮を要する点などについて伝えるものです。

就学時に就学先の校長に保育要録を送付し、作成後6年間、園で保存することになっています。

長く保存されるものですから、内容や表現に十分配慮しながら、その子どもの一番育った所を記載するようにします。

◆ 小学校に引き継ぐためにも普段の記録を大切に！

平成30年度からは、保育要録の「保育に関する記録」の様式に、「幼児期の終わりまでに育ってほしい姿」（10の姿）が記載されるようになりました。これは、保育所での子どもの育ちをわかりやすく小学校に伝え、それを小学校の指導でさらに伸ばしていくことが目的です。保育に関する記録では「10の姿」を活用しながら、子どもに育ちつつある力（資質・能力）を捉え、記録することを意識しましょう。

もちろん、こうした子どもの姿を振り返るには、普段の保育の記録が重要になります。日頃の記録をもとに、保育士が行ってきた保育と、担任だからこそ知ることができた子どもの育ちつつある姿を書き出していくと、充実した保育要録になります。

作成から送付までの流れ

保育要録を記入するまで、そして、保育要録を記入して小学校へ送付するまでの流れを確認していきましょう。

第1章　保育要録　記入上の注意点

保育の記録は、日々の記録と定期的な振り返りがカギ

保育要録の「入所に関する記録」は、その児童が在籍する最終年度のはじめ及び異動が生じた時に記入します。これは年度途中で転園をした際にも引き継がれる情報ですから、子どもの氏名や住所など記載事項に変更があった時はそのつど新しい情報を記入し、変更した日付を欄外に記載します。

一方、「保育に関する記録」は、1年間の保育を終えた年度末に、保育士が行ってきた保育と、この1年で子どもの伸びた所を中心に記入します。ここで重要になるのが日頃の保育の記録です。指導計画に基づいて活動を展開していく中で、子どもの遊びの内容や人との関わり方が変わったなど、保育の中で気付いた変化をできるだけ記録しておきましょう。そして1か月、1学期といった期間での活動内容や子どもの育ちについて、5領域や「資質・能力」、「10の姿」を参考にしながら振り返りをします。すると「ここをもっと育てよう」「この子の発達に合った遊びを考えよう」といった改善点が見えてくるので、それを次の月や学期に反映し、また振り返りをしていきます。ＰＤＣＡサイクルとは、この振り返りを次に生かすことを繰り返しながら、記録を反映していくことです。続けていくと、年度末の頃には、保育要録に書くべき内容が見えてきます。

このようにして担任が書いた記録は、最終的に施設長の責任で保育要録として完成させ、年度内にそれぞれの子どもの就学先の小学校へ送付します。

●●●各項目を記入する時期の目安●●●

※記入の時期は一例です。

時期	入所に関する記録		保育に関する記録	
最終年度のはじめ・変更の生じた時	☐ 児童氏名 ☐ 性別 ☐ 保護者氏名 ☐ 入所年月日 ☐ 施設長氏名 ☐ 担当保育士氏名	☐ 生年月日 ☐ 児童現住所 ☐ 保護者現住所 ☐ 保育所名及び所在地	☐ 児童氏名 ☐ 性別	☐ 生年月日 ☐ 最終年度の重点
年度末			☐ 個人の重点 ☐ 特に配慮すべき事項 ☐ 最終年度に至るまでの育ちに関する事項	☐ 保育の展開と子どもの育ち
卒所時	☐ 卒所年月日	☐ 就学先		

23

管理上の注意点

要録には、個人情報が多く含まれるため、管理には十分な注意が必要です。具体的な管理についての注意点をおさえておきましょう。

保管について

作成した保育要録は、園でも大切に保管します。耐火金庫や鍵のかかる書類棚など、日光による退色がない場所で厳重に保管し、必要な時にはすぐに出せるようにしっかり管理しましょう。

保存期間

児童が小学校を卒業するまでの6年間、園で保存し、その後完全破棄します。

保管上の注意

個人情報であるので、責任者を決めて管理します。閲覧する必要のある時は、責任者の許可を得て鍵を開けてもらいます。書きかけの状態のものも、第三者の目に触れることのないよう配慮が必要です。

個人情報ゆえの注意

入園前の説明会や懇談会などで保育要録の趣旨や内容を保護者にきちんと説明し、個人情報の記載について理解を得ておくとともに、就学先の小学校に送付することを周知します。書かれた内容については、原則、保護者には開示しないことを伝えておきます。

要録の内容は原則として非開示ですが、開示請求があった場合を考慮して、客観的な事実に基づく記載をします。

パソコン内のデータは、プリントアウトも含め持ち出し禁止とし、情報の流出を防ぎましょう。

記入上のルール

公的な書類である保育要録を記入する際に知っておきたい、具体的なルールを解説します。

常用漢字、現代かなづかいで

氏名や地名などの固有名詞を除き、現代かなづかいで常用漢字を用い、楷書で記入します。数字は原則として算用数字を使用し、誤字・脱字に注意して丁寧に清書しましょう。

訂正・変更が生じたら

書き間違えた場合は、該当の箇所に二重線を引き、訂正者の認印を押した上で訂正します。修正液（テープ）などの使用は不可です。押印は朱肉を使う印鑑で行いましょう。住所変更など、記載内容に変更があった場合は二重線で消し、変更された内容を記入します。変更の場合、訂正印は不要です。前の文字が判読できるようにしておきましょう。

インクは黒か青

手書きの場合は、耐水性のあるペンの黒または青色を使いましょう。鉛筆や消せるペンは使用してはいけません。園名、所在地などにゴム印を使用する場合は、保存年数を考慮し耐久性のあるスタンプインクで長持ちする物を用いましょう。

パソコンを使用する場合

パソコンで作成する場合、変換ミスや脱字のないようにしっかり見直しましょう。また、個人情報が含まれますので、私物ではなく園のパソコンを使用することが望ましく、情報の流出や改ざんを防ぐためにもセキュリティー対策が必要です。ハードディスクやCD-ROM、プリントアウトなどの扱いも厳重に行い、園外への持ち出しは絶対に避けましょう。

入所に関する記録

CD-ROMにフォーマットを収録しています。

「入所に関する記録」は、その児童が在籍する最終年度のはじめ及び変更が生じた時に記入します。基本的な様式を確認しておきましょう。

※保育要録の様式は、各市町村で統一様式を作成しています。自治体に確認しましょう。

保育所児童保育要録（入所に関する記録）

	ふりがな 氏 名		性 別	
児童	年　　月　　日 生			
	現住所			

	ふりがな 氏 名	
保護者	現住所	

入 所	年　　月　　日	卒 所	年　　月　　日

就学先	**D** 就学先等

保育所名 及び所在地	
施 設 長 氏 名	
担当保育士 氏 名	

A 児童の氏名・生年月日・性別・現住所

B 保護者の氏名・現住所

C 入所・卒所などの期日

E 保育所名及び所在地

F 施設長氏名・担当保育士氏名

＊厚生労働省からの通知に掲載されている「様式の参考例」をもとに説明しています。

A 児童の氏名・生年月日・性別・現住所

- 楷書で記入し、上にふりがなを振ります。ゴム印も使用可能です。生年月日は年号を使用し、算用数字で記入します。
- 現住所は、現在生活している所を、都道府県から記入し、マンション名なども省略せずに記入します。変更に備えて欄の下を空けておき、住所変更があった場合は二重線で消し、下に新しい住所を記入します。間違って記入した場合は二重線で訂正し、認印を押します。

■記入例　住所に変更があった場合

児童	ふりがな 氏名	かとう　たくや 加藤 卓也	性別	男
		平成24年 7月 12日生		
	現住所	東京都花見区桜ヶ丘1丁目2番3号　さくらマンション301 東京都花見区緑風4丁目5番6号		

B 保護者の氏名・現住所

- 児童の親権者(通常は両親のどちらか)の氏名と現住所を記入します。親権者以外の場合は、氏名の後に(後見人)と書きます。施設などで生活している児童の場合は、後見人はその施設の代表者の氏名を書きます。
- 現住所は、児童と同じ場合は「児童の欄に同じ」と記入し(ゴム印可)、異なる場合は、都道府県から記入し、変更に備えてやや上部に書き、下に余白を残します。
- 親権者のもとを離れ祖父母の所から通っている場合でも、この現住所欄には親権者の住所を記入します。

■記入例　後見人がいる場合

保護者	ふりがな 氏名	きむら　かずお 木村 和夫 (後見人)
	現住所	児童の欄に同じ

C 入所・卒所などの期日

- 市区町村などが通知した入所認定期間(原則としては、4月1日から翌年の3月31日)を記入します。途中入所・退所については、原則入所認定が済んだ翌月1日から、入所認定を終了した前月の末日となります。

■記入例

入 所	平成25年 4月 1日

卒 所	平成31年 3月 31日

D 就学先等

- 就学予定の小学校の正式名称と所在地を省略せず記入します。公立の場合、名称は各自治体の規定により、都道府県名から記入する場合もあります。

- 他の保育所へ転所する場合、その施設の正式名称、所在地、その理由を記入します。

- 他の幼稚園・こども園へ転園する場合は、退所になります。転園先の施設の正式名称、所在地、転園の事由を記入しましょう。

■ 小学校へ就学する場合

就学先	東京都川辺区立柳川西小学校 東京都川辺区柳川西１丁目２番３号

■ 他の保育所へ転所する場合

就学先	父親の転勤のため、千葉県竹林市立のばら保育所（千葉県竹林市野山２丁目３番４号）に転所。

E 保育所名及び所在地

- 保育所の正式名称を省略せずに記入します。公立の場合は、自治体によって都道府県名から記入することもあります。

- 分園の場合は本園名と、（　　）で分園名を記入します。

- 所在地も都道府県から略さず書きましょう。ゴム印などを使用してもかまいません。

- 名称や所在地が変更になった場合に備えて、下を空けておきます。

■ 記入例　公立の場合

保育所名 及び所在地	大阪府青空市立すみれ保育所 大阪府青空市東青空区花里１丁目２番３号

■ 記入例　私立の場合

保育所名 及び所在地	社会福祉法人わかば福祉会　たんぽぽ保育園 大阪府山里市花吉区古林４丁目５番６号

F 施設長氏名・担当保育士氏名

- 児童が在籍する最終年度のはじめ（または児童の転入所時）に、施設長名、担当保育士名を変更に備えて上部に記入します（ゴム印可）。複数の保育士で受け持つ場合は、担当保育士の氏名をすべて書き、副担任の場合は（副担任）と記入します。

- 年度内に変更があった場合はそのつど後任者名を記入し、担当した期間を（　　）内に書きます。産休などで臨時職員が担当した場合は、その期間と名前を併記します。

■ 記入例　変更があった場合

施　設　長 氏　　　名	山田佳子（4.1-8.31） 森田雅彦（9.1-3.31）
担当保育士 氏　　　名	川野明子（4.1-6.5, 10.5-3.31） （産・補）佐藤大輝（6.6-10.4）

保育に関する記録

CD-ROMにフォーマットを収録しています。

「保育に関する記録」の様式は各市区町村が作成します。基本的な様式と各項目の具体的な書き方や注意点を紹介します。

第1章 保育要録 記入上の注意点

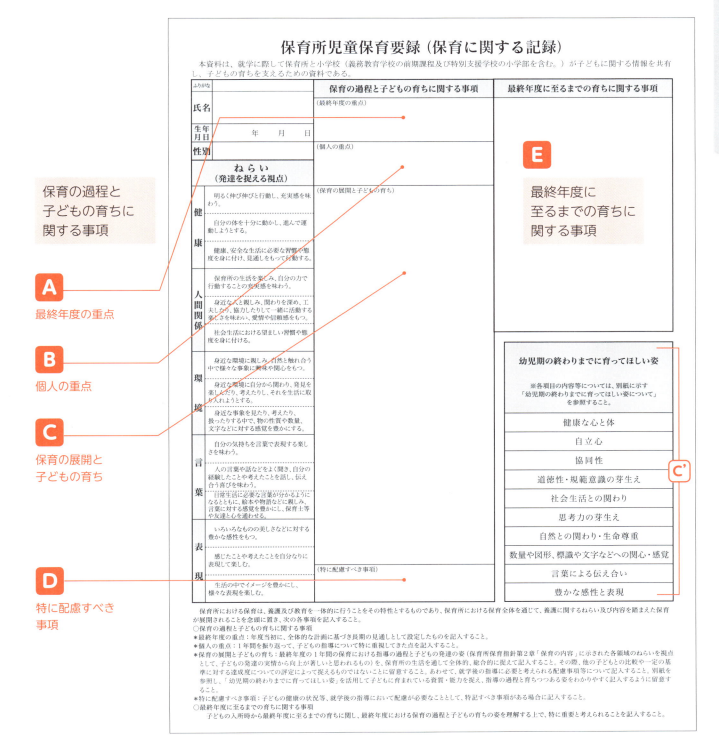

A 最終年度の重点

- 年度当初に、「全体的な計画」に基づき、長期の見通しとして設定する項目です。その年齢を担当する保育士全員で話し合って立案した年間指導計画に沿って決めるものです。
- この「重点」は、日々の保育の中で保育士が常に意識する事項になります。

B 個人の重点

- 年度末に1年間を振り返り、その子どもに関して特に重視してきた点を記入します。
- それぞれの発達や個性の違いを捉えて書くため、一人ひとり異なった内容になります。日常の保育記録を活用し、その子どもの発達や個性に基づいてまとめましょう。

C 保育の展開と子どもの育ち

- 小学校へのスムーズな接続を念頭に置き、最終年度の1年間における指導の過程と、子どもの発達の姿について具体的に記入します。5領域の「ねらい（発達を捉える視点）」や「最終年度の重点」を踏まえ、子どもの姿を「10の姿」の視点で捉え、指導の過程と育ちつつある姿を記入します。
- 養護及び教育を一体的に行うという保育所保育の特性を踏まえ、これまでの要録では「子どもの養護（生命の保持及び情緒の安定）に関わる事項」「子どもの育ちに関わる事項」と分けて記入していた内容を総合的に捉え、最終年度の育ちとして記入します。
- 1年間の保育における指導の過程を振り返り、その子どもの具体的な興味・関心、遊びや生活の傾向から、子どもが育った部分を書きます。他の子どもと比較することなく、個性を受け止めながら、伸びた部分や引き続き援助が必要な部分について記入することが大切です。
- 子どもの年度当初の姿から、保育士がどのような援助をしてきたか、その結果著しく向上したと思われる点について、保育所の生活を通して全体的、総合的に捉えて書きます。
- 就学後の指導に必要と考えられる配慮事項についても記入します。

C' 幼児期の終わりまでに育ってほしい姿

- 別紙として加わった「幼児期の終わりまでに育ってほしい姿（10の姿）について」を活用し、就学前の時点で子どもに育まれている資質・能力を捉え、指導の過程と育ちつつある姿を「保育の展開と子どもの育ち」に記入します。
- 「10の姿」は、到達すべき目標ではなく、あくまでも育ちの目安です。項目別に書くのではなく、子どもの育ちを総合的に捉えて記述することが重要になります。

D 特に配慮すべき事項

- これまで「子どもの健康状態等」の欄に記入していた健康に関する留意事項などを書きます。
- 指導上、特記すべき事柄がある場合は、個人情報に留意しながら記入します。保護者と相談の上、記載しましょう。「除去食あり」「プール活動時、要配慮」「既往症あり」などの表記が考えられます。
- 特にない場合は、「特記事項なし」などと記入するとよいでしょう。

E 最終年度に至るまでの育ちに関する事項

- 最終年度における保育の過程と子どもの育ちの姿を理解する上で、特に重要と思われる点を記入します。
- 子どもが発達する過程において、ねらいや指導の重点を踏まえ、成長を促すための保育士の援助方法や、その結果、子どもがどのような変化を見せたかなど、子どもの心情・意欲・態度について具体的に記入します。子どもの著しい進歩や長所を積極的に見いだすことが重要です。「〜できないが……」など、子どもを否定的に捉えたマイナス面の記述は避け、発達過程であることを意識して書きましょう。

※保育要録は、小学校に送る記録です。複数名の保育士に読んでもらうなどして、書き手の先入観が入らないように気を付け、客観的な記録としましょう。

※小学校の先生にとって「幼児期の終わりまでに育ってほしい姿」（10の姿）は、理解しやすい表現です。参考にして記述しましょう。

⊙ CD-ROMにPDFデータを収録しています。

［別紙］ 幼児期の終わりまでに育ってほしい姿について

この別紙を参照して「幼児期の終わりまでに育ってほしい姿」（10の姿）の趣旨や内容を十分に理解し、
「保育に関する記録」の記入に生かしましょう。

幼児期の終わりまでに育ってほしい姿について

保育所保育指針第1章「総則」に示された「幼児期の終わりまでに育ってほしい姿」は、保育所保育指針第2章「保育の内容」に示されたねらい及び内容に基づいて、各保育所で、乳幼児期にふさわしい生活や遊びを積み重ねることにより、保育所保育において育みたい資質・能力が育まれている子どもの具体的な姿であり、特に小学校就学の始期に達する直前の年度の後半に見られるようになる姿である。「幼児期の終わりまでに育ってほしい姿」は、とりわけ子どもの自発的な活動としての遊びを通して、一人一人の発達の特性に応じて、これらの姿が育っていくものであり、全ての子どもに同じように見られるものではないことに留意すること。

健康な心と体	保育所の生活の中で、充実感をもって自分のやりたいことに向かって心と体を十分に働かせ、見通しをもって行動し、自ら健康で安全な生活をつくり出すようになる。
自立心	身近な環境に主体的に関わり様々な活動を楽しむ中で、しなければならないことを自覚し、自分の力で行うために考えたり、工夫したりしながら、諦めずにやり遂げることで達成感を味わい、自信をもって行動するようになる。
協同性	友達と関わる中で、互いの思いや考えなどを共有し、共通の目的の実現に向けて、考えたり、工夫したり、協力したりし、充実感をもってやり遂げるようになる。
道徳性・規範意識の芽生え	友達と様々な体験を重ねる中で、してよいことや悪いことが分かり、自分の行動を振り返ったり、友達の気持ちに共感したりし、相手の立場に立って行動するようになる。また、きまりを守る必要性が分かり、自分の気持ちを調整し、友達と折り合いを付けながら、きまりをつくったり、守ったりするようになる。
社会生活との関わり	家族を大切にしようとする気持ちをもつとともに、地域の身近な人と触れ合う中で、人との様々な関わり方に気付き、相手の気持ちを考えて関わり、自分が役に立つ喜びを感じ、地域に親しみをもつようになる。また、保育所内外の様々な環境に関わる中で、遊びや生活に必要な情報を取り入れ、情報に基づき判断したり、情報を伝え合ったり、活用したりするなど、情報を役立てながら活動するようになるとともに、公共の施設を大切に利用するなどして、社会とのつながりなどを意識するようになる。
思考力の芽生え	身近な事象に積極的に関わる中で、物の性質や仕組みなどを感じ取ったり、気付いたり、考えたり、予想したり、工夫したりするなど、多様な関わりを楽しむようになる。また、友達の様々な考えに触れる中で、自分と異なる考えがあることに気付き、自ら判断したり、考え直したりするなど、新しい考えを生み出す喜びを味わいながら、自分の考えをよりよいものにするようになる。
自然との関わり・生命尊重	自然に触れて感動する体験を通して、自然の変化などを感じ取り、好奇心や探究心をもって考え言葉などで表現しながら、身近な事象への関心が高まるとともに、自然への愛情や畏敬の念をもつようになる。また、身近な動植物に心を動かされる中で、生命の不思議さや尊さに気付き、身近な動植物への接し方を考え、命あるものとしていたわり、大切にする気持ちをもって関わるようになる。
数量や図形、標識や文字などへの関心・感覚	遊びや生活の中で、数量や図形、標識や文字などに親しむ体験を重ねたり、標識や文字の役割に気付いたりし、自らの必要感に基づきこれらを活用し、興味や関心、感覚をもつようになる。
言葉による伝え合い	保育士等や友達と心を通わせる中で、絵本や物語などに親しみながら、豊かな言葉や表現を身に付け、経験したことや考えたことなどを言葉で伝えたり、相手の話を注意して聞いたりし、言葉による伝え合いを楽しむようになる。
豊かな感性と表現	心を動かす出来事などに触れ感性を働かせる中で、様々な素材の特徴や表現の仕方などに気付き、感じたことや考えたことを自分で表現したり、友達同士で表現する過程を楽しんだりし、表現する喜びを味わい、意欲をもつようになる。

保育所児童保育要録（保育に関する記録）の記入に当たっては、特に小学校における子どもの指導に生かされるよう、「幼児期の終わりまでに育ってほしい姿」を活用して子どもに育まれている資質・能力を捉え、指導の過程と育ちつつある姿をわかりやすく記入するように留意すること。
また、「幼児期の終わりまでに育ってほしい姿」が到達すべき目標ではないことに留意し、項目別に子どもの育ちつつある姿を記入するのではなく、全体的、総合的に捉えて記入すること。

すぐわかる！「幼児期の終わりまでに育ってほしい姿」（10の姿）解説

無藤 隆
白梅学園大学大学院 特任教授

第1章 保育要録 記入上の注意点

　幼児教育で「資質・能力」を具体的に育てようとする時に、どのような点に注意して指導をすればいいのかを表したものが、「幼児期の終わりまでに育ってほしい姿」（10の姿）です。

　個々の具体的な内容はこれまでも5領域によって示されてきたもので、特に新しいものではありません。ただ、特に5歳児の後半で育つ部分を取り出して整理したことや、ある特定の場面ということではなく、その時期のさまざまな活動のなかで現れてくる具体的な姿として整理したことが特徴となっています。

　また、この「10の姿」は、幼児期に完成し100％できるようになるということではなく、子どもたちが歩み出している方向を表しています。さらに、これを小学校と共有し、特に小学校教育の始めにおいて指導を継続していくことが、小学校の学習指導要領にも明記されています。この「10の姿」を意識して要録を記入し、子どもの育ちつつある姿を小学校に伝えていきましょう。

健康な心と体

　領域「健康」全体を一文で表したものです。この内容はごく幼い時期から重要なもので、少しずつ育っていくものです。そして小学校以降も育てていくべき事柄でもあります。

　特に、年長児らしさという点では、「見通しをもって」とか、「自ら〜つくり出す」といった表現に出てきています。これらは年長児になると多少はできるようになりますが、それほど簡単ではありません。ここに書かれているような姿に向けて、少しずつ指導を重ねていく必要があります。

協同性

　「人間関係」の領域に属します。

　ここでいう「協同性」とは、単に子ども同士が仲よくするだけではなく、いっしょに何かをする、そしてそのためにそれぞれが力を出し合い、共通のものにしていく、という意味です。

　そのためには、自分たちが感じていることや楽しいこと、「こうしたい」というイメージなどを共有していくことが重要です。

　特に年長児ぐらいの子どもがいっしょにやりたいことには、お化け屋敷を作って年少の子どもたちを招待するなど、複雑で時間がかかるものも少なくありません。そのためときには分担をしたり、子ども同士がいっしょに考えて、意見が対立したときには話し合って一致を見出す、というようなことを繰り返しながら、自分たちのやりたいことを実現していく作業が「協同性」といえます。

自立心

　領域「人間関係」に出てくる内容です。もう少し細かく見ると、ここでも「しなければならないことを自覚し」「考えたり、工夫したり」「諦めずにやり遂げる」といった部分に、年長児らしさを見てとることができます。

　「しなければならないことを自覚」というのは、おもちゃで遊んだら片付けなければならないとか、園のルールを守る、友達を傷つけないなど、さまざまな配慮やルールを自分なりに理解し、考えて守れるようになることを指しています。さらに「諦めずにやり遂げる」というのは、一度やろうと思ったらがんばってやってみようとすることです。

　この自立心は「資質・能力」とも対応するものです。いろいろなことに関わり、自覚していく部分は「気づき」ですし、「考え、工夫する」は「考える力」、「諦めずにやり遂げる」は「心情、意欲、態度」になります。つまり、自立心は幼児教育の中心的なものであり、言い換えれば、幼児教育は子どもが自立していく場だということでもあります。

道徳性・規範意識の芽生え

　領域「人間関係」です。

　これも「道徳性の芽生え」の根幹は、思いやりです。相手の気持ちを慮って、それに配慮できるようになることです。たとえば友達が転んで足が痛いときに、そばに行ってなぐさめてあげるなど、相手の気持ちに共感し、相手が何を必要とするかを考えながら行動することです。

　それに対して「規範意識の芽生え」とは、ルールや決まりの意味を理解し、それを守ろうとすることです。

　それは大人が指示すればわかるということではなく、園におけるさまざまな体験のなかで、少しずつどうしなければいけないかを理解できるようになることが大切です。そうした理解は、なぜそのルールが必要か、あるいはどういうルールがいいかを子ども自身が考える、あるいはルールを作り直すといった体験を繰り返すことで生まれます。

　ときには、決まりを守りきれないこともあると思いますが、そのときには自分の気持ちを調整し、コントロールすることも必要になります。その意味では、自分の気持ちを調整する力＝自己調整力の育ちも、この事項に含まれます。

社会生活との関わり

これは領域「人間関係」が主になりますが、情報については領域「環境」でも言及されています。

園にいるのは年齢の近い子どもたちと保育者ですが、それ以外の人たちとの出会いや交流を、保育を通して作っていく必要があります。

たとえば、家族によって守られ、愛され、育てられていることを感じ取れる機会をつくることには、大事な意味があります。また、地域には小中学生や高齢者、障害のある人、外国の人といった多様な人びとがいて、それぞれに関わり方も変わります。

特に駅やバス停、商店街、病院といった大勢の人が使う公共的な施設では、他の人びとにも配慮した使い方や、行動の仕方を身につけておくことが大事です。

さらに現代生活では、情報環境が広がっています。子どもたちが調べたことを伝える活動や、庭で捕まえただんごむしの飼い方を本などで調べるといったことも、情報の活動の1つです。

また、コンピュータやデジタルカメラなどの情報機器を使う活動もあるかもしれませんが、そういう場合も各年齢にふさわしい使い方に配慮しながら、指導を考える必要があります。

自然との関わり・生命尊重

これは領域「環境」にある2つの項目を合わせて作ってあるものです。1つは「自然との関わりのなかで好奇心をもち、探究心が育っていくこと」、もう1つは、「動植物との出会いを通して命の大切さを感じること」です。

自然には、草花や虫、哺乳類などの命あるものと、水や土、石、風といった命のないものがあります。それらをただ眺めていればいいということではなく、それらに触れて親しむなかで、自然の素晴らしさやおもしろさに感動し、「不思議だなあ」と思うなど、子どもたちが「心動かされる体験」をすることが重要です。その体験から自然の良さを感じ、同時に自然を大事にしたいという気持ちが育ちます。

さらに、自然物のなかでも命あるものは、子どもたちが思い込みだけで関わると死ぬこともあります。命あるものが死ぬともう戻らないという経験から、命の不思議さ、尊さに気付き、命あるものを労り、大切にする気持ちが養われます。

言葉による伝え合い

これは領域「言葉」の内容の取扱いを中心に、言葉領域のポイントをまとめたものです。

園の中では保育者や友達と言葉のやり取りをする、絵本や物語を読む、言葉遊びをするといった活動を通して、新しい語彙が増え、自分の感じたことや言いたいことを徐々に言葉に表せるようになっていきます。

また、幼児期後半からは、子ども同士のやり取りも特に重要になります。これが「言葉による伝え合い」と呼んでいる部分です。これは相手の言うことをしっかり聴き取る経験でもあり、また大人なら少し言えば察知してくれるところを、友達の場合、もう少ししっかりと言わなければ伝わらないという意味で、言葉の成長を促すよい機会になります。

思考力の芽生え

「資質・能力」の3つの柱の2番目がまさに、この「考える力」を育てることです。幼児にもすでに思考力の芽生えがあり、幼児期にそれを育てるからこそ、小学校以降の教育の基盤として働くということが、ここで特に強調されています。

ここでは大きく2つのことが述べられています。1つは、「物に関わり、その性質もしくはしくみに気づくこと」です。物には砂場の砂や水、遊具などのほか、いろいろな道具や簡単な機械などもありますが、大事なことは子どもがそれらに積極的に関わって、そこに気づきが起き、「どうしたらいいか」「どうなるか」を考え、工夫することにあります。そこでは保育者が子どもの考えを引き出し、工夫に向けて導いていくことも重要になります。

もう1つは、「友達とのやり取りのなかで自分の考えをしっかりと作っていくこと」です。これは、1つの正答に達することが大事なのではなく、1つのことについていろいろな見方があり、考え方があることを感じ取ることが、この時期に特に大切です。

数量や図形、標識や文字などへの関心・感覚

この項目は領域「環境」と、文字などは一部「言葉」の領域にも関連します。

これは算数や国語という小学校の教科の前倒しではなく、子どもが身近な環境での遊びや生活を通して、さまざまな数量や図形、標識や文字といった記号に気づき、それぞれがどういうものかを直感的にわかるようになることを指しています。

たとえば、カルタ遊びでカルタの枚数を数えて10枚と8枚では10枚の子が勝ちだと比較できるようになり、量の感覚では、さつまいもを掘って手に持ったときに重いものと軽いものの区別がつく、こういうことが直感的にわかることが大切です。

また、文字では、自分の名前や友達の名前のひらがなを読みながら、少しずつ読めるようになる、といったことがあてはまります。

このように、普段の環境のなかでさまざまな記号に出会い、少しずつ意味を知り、次第に自分たちなりに使うようになることが、数量や図形、標識や文字などへの関心・感覚の始まりです。

豊かな感性と表現

領域「表現」というのは、通常、造形活動と音楽活動と体による表現が考えられています。体による表現と言葉による表現がつながった劇遊びなども、表現領域の活動になります。

子どもたちの表現の活動を広げるには、絵画や演奏、歌などの優れた表現に出会うことも必要ですし、さまざまな素材や表現の方法・スキルとの出会いも大事です。

また、自分たちの表現を見直しながら「もっとこうしたいね」と工夫をしたり、友達同士でいっしょに共同の表現をすることも出てきます。幼児の表現は未熟なので、保育者は表現の途中の段階で、子どもの感じることや思いなどを見て取り、それを子ども同士で共有する橋渡しをしたり、保護者に伝えられるようにしたりすることが必要です。

『ここが変わった！平成29年告示 保育所保育指針 まるわかりガイド』（チャイルド本社）より抜粋

第 **2** 章

保育記録を
保育要録に生かそう!

「5歳児後期の
育ちの姿シート」
掲載!

要録を書くには、子どもの日常の保育記録が重要です。

子どもの姿を5領域や「10の姿」で捉え、

実際に「記録」を「要録」に生かすために、

無藤隆先生考案の「5歳児後期の 育ちの姿シート」を使って

子どもの記録をとる方法を紹介します。

子どもの育ちが整理でき、より充実した要録につなげられます。

日々の記録から育ちの姿を捉え、要録へ

無藤 隆
（白梅学園大学大学院 特任教授）

要録の役割と記入にあたって必要なこと

要録は、保育所では小学校への参考資料として、教育課程をもつ幼稚園と幼保連携型認定こども園においてはその修了の証明と小学校への参考資料として、それぞれ位置付けられています。つまり、幼児教育を通してどのようにその子どもが育ってきたかを、要約的に示すものになります。とはいえ、実際の欄を見れば、あまりたくさんの文章は書けないことがわかるでしょう。そこで、各々の子どもの日々の育ちを端的にまとめる必要が出てきます。その際には、「5領域」「資質・能力」「幼児期の終わりまでに育ってほしい姿」（10の姿）を参照して、わかりやすく要点を捉えることが重要になります。

3つの視点で子どもの育ちを捉える

そのために、まず保育記録をもとに子どもの育ちの姿を捉えていきましょう。具体的に、どんな活動（遊び・生活）の中で、どのように子どもが力を発揮して、成長に向かっているかを捉えます。まず、活動の顕著な所に注目して記録をとり、整理してみましょう。

記録を作成する際に、〈健康〉〈人間関係〉〈環境〉〈言葉〉〈表現〉の「5領域」に沿って記述することは、以前から示されてきた通りです。それぞれの領域ごとに書いてもよいのですが、子どもの育ちは領域ごとにはっきり分けられるものでもないので、いくつかをまとめたり、顕著な点がなければ特定の領域について省いたりしてもよいでしょう。

「資質・能力」は、〈気付き、できるようになること〉〈試し、工夫すること〉〈意欲をもち、粘り強く取り組むこと〉などの3つの柱からなります。そういったキーワードを意識して、子どもの様子（姿）の記述に盛り込むようにすると、「資質・能力」とのつながりがみえてきます。どんな活動の姿においても、これら3つのどれかにあてはまる姿は発揮されているでしょうから、できるだけキーワードを意識的に使って記述していくようにしましょう。

「幼児期の終わりまでに育ってほしい姿」については、「10の姿」全てを網羅する必要はありません。例えば、何人かでおにごっこをしていれば、そこには運動（健康な心と体）、協同性、話し合い（言葉による伝え合い）など、様々な「10の姿」の育ちがみられるでしょう。1つの活動の姿にはいくつもの学びがあり、それを通じて様々な育ちが可能になっていくのが、幼児教育の総合的なあり方なのです。

「10の姿」とは、それぞれ「資質・能力」の表れ方を具体的に示したものです。さらに、完成形を示すものではなく、今育ちつつあり、その方向に向かっていこうとする様子を捉えるものです。ですから、記録を作成する時に、先ほどの「資質・能力」のキーワードと併せて「10の姿」のキーワードを使って書くようにすると、その活動を通しての育ちがみえてきます。

例えば「健康な心と体」では、〈充実感〉〈見通し〉〈自ら～する〉などがその要となるキーワードです。44ページの「5歳児後期の 育ちの姿シート」には、10の姿それぞれのキーワードが示されています。その通りの言葉である必要はありませんが、それに類する言葉を意識して、記録に入れていきましょう。

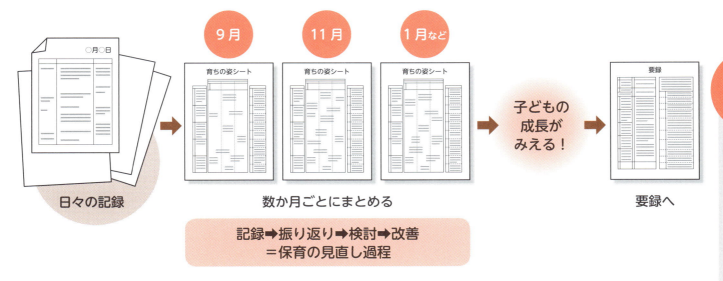

日々の記録の積み重ねが要録作成につながる

　要録作成の基本として最も重要なのは、毎日の保育の中で記録をとり、その記録を「資質・能力」と「10の姿」の観点から検討していくことです。「資質・能力」と「10の姿」のキーワードを用いながら子どもの姿を描写し、どの領域に特に関わる育ちなのかを記述するようにします。

　日々書きためた記録と、その検討の資料を、1か月、あるいは数か月くらいの単位で眺め直して、特に「10の姿」のいくつかの育ちに注目してまとめてみます。子どものよい所や成長の著しい所、子どもが特に集中して力を発揮している所などを中心にしてまとめましょう。これが、子どもの「育ちの記録」になります。

　こうした育ちの姿の記録については、担任が一人で記録し振り返りを行うというより、園長・主任、また他の担任などと共有して、保育の改善に役立てていくのが望ましいでしょう。これを、1週間、1か月、数か月、1学期、半年といった一定の期間ごとに振り返り、一人の子どもの成長の姿へとまとめていきます。その際には担任としてどう関わり、記録をもとにどのような保育の改善を図ったのか、その中で子どもがどのような成長を示したのかを検討します。

　このように、記録・振り返り・検討・改善という保育の見直しの過程を通じて、子どもの成長の捉えを的確なものにしていきます。単に客観的な振り返りをするという意味ではなく、その姿の記述を通して子どもの育ちをより深く理解することを目的として検討することが大切です。

　子どもの育ちの姿をバランスよく捉えるために、保育の中でみられる育ちの様子を記録できる「5歳児後期の 育ちの姿シート」の使用例を次ページから掲載しています。「5領域」「資質・能力」「10の姿」の観点から子どもの姿を捉え直して、要録をまとめる際に役立ててください。

育ちの姿をバランスよく捉えよう

無藤 隆先生考案の「5歳児後期の 育ちの姿シート」を使って

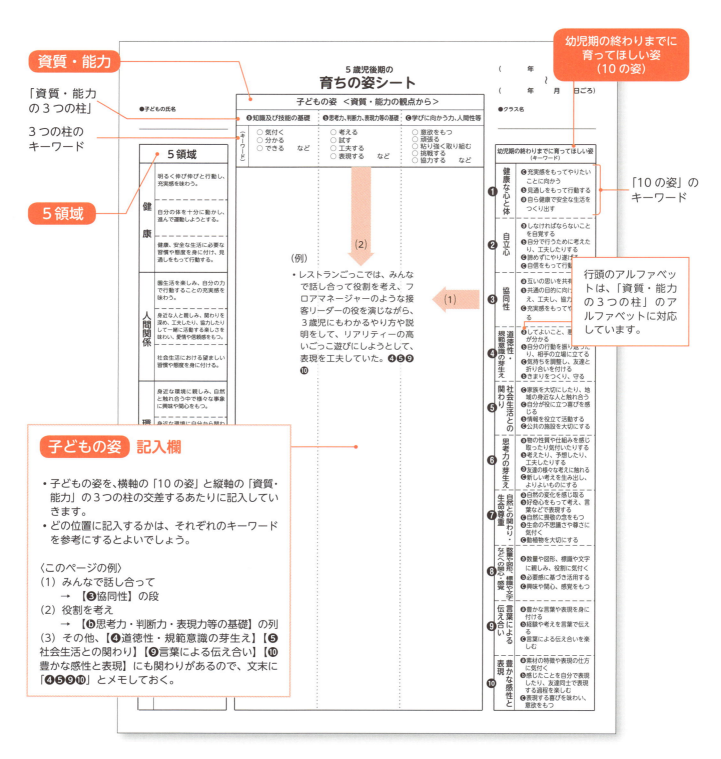

まずは、エピソード集めから

　子どもの育ちの姿をまとめる際に難しいのは、なにより「5領域」「資質・能力（の3つの柱）」「幼児期の終わりまでに育ってほしい姿」（10の姿）と、多くの要素を踏まえて書くという点です。この3つの視点を全て盛り込むには、どうすればよいでしょうか。

　実際には、3つの視点は全く別々の内容ではなく、互いに関係し合っています。例えば、「10の姿」は5領域に対応しており、内容のいくつかは5領域の一部（特に人間関係と環境）を5歳児の成長の特徴に合わせて細分化したものです。また、「10の姿」には「資質・能力」の捉え方も組み入れられています。なぜなら、そもそも「10の姿」とは、「資質・能力」の育ちをより具体的に捉えて、保育の場において実際にみられる姿として示したものだからです。4、5歳児くらいの子どもの育ちについては、主に「10の姿」を意識して記録すればよいでしょう。

　ただ、いきなり「10の姿」ごとに書こうとしても難しいはずです。そこで、まずはその子どものよさや力を発揮している場面、成長の著しい所に注目し、そのことをよく表すエピソードを、日常の保育記録から集めてみましょう。

キーワードを軸に、シートに書き込もう

　エピソードを集め終わったら、いよいよ左ページの「育ちの姿シート」を使って整理していきます。それぞれのエピソードは、「10の姿」のどれに該当しそうでしょうか。おそらく1つのエピソードにつき主に1つか2つの姿が表れており、その他にもいくつかの姿が関連していることに気付くでしょう。まずはメインとなる「10の姿」を決め、それが例えば「協同性」なら、❸「協同性」の段のあたりに高さを決めます。そのようにして、表中の記入位置を絞ります。

　次に、同様に「資質・能力」の育ちの観点でもみていきます。3つの柱のキーワードに照らせば、どの項目が伸びようとしているのかがわかります。例えば、試したり工夫したりする姿がみられたら、❺「思考力、判断力、表現力等の基礎」の列に入れます。「資質・能力」と「10の姿」、それぞれの観点で記入位置が決まったら、書き込みましょう。その他、メイン以外でも関連すると思われる「10の姿」の番号を付記しておくと、後から別の振り返りをする際などにも参照できて便利です（左ページの記入例参照）。

　このようにしてシートに記入していくことで、子どもの姿を3つの視点でみた育ちの記録に落とし込むことができます。

シートをまとめて、要録へ

　このシートを一人ひとりの子どもごとに、定期的に書いていきます。どの子どもにも、学期（あるいは数か月）ごとに数枚程度ずつ、記録と分析のシートがたまっていくでしょう。それらを改めて見直し、のちに要録として1枚にまとめるのです。

　要録の記入スペースは限られているので、シートの内容がたくさんある場合は、特定の1つにテーマを絞って中心におき、その他の育ちは付記しておいた番号を参照して、バランスをみながら補足して書くとよいでしょう。次のページで、シートの記入例を紹介します。

「5歳児後期の 育ちの姿シート」から「要録」へ ―― 記入例①

1日のシートから育ちの姿をピックアップ

佐々木 晃（鳴門教育大学附属幼稚園 園長）

育ちの姿シート

▼ A太のある1日の保育記録から記入した「育ちの姿シート」（10月23日ごろ）

5歳児後期の 育ちの姿シート

（○○年 10月23日ごろ）
（　　年　　月　　日ごろ）

●子どもの氏名 ○○ A太

●クラス名 らいおん組

子どもの姿 ＜資質・能力の観点から＞

❸知識及び技能の基礎	❹思考力、判断力、表現力等の基礎	❺学びに向かう力、人間性等
（キーワード） ○気付く ○分かる ○できる など	○考える ○試す ○工夫する ○表現する など	○意欲をもつ ○頑張る ○粘り強く取り組む ○挑戦する ○協力する など

5領域

健康
- 明るく伸び伸びと行動し、充実感を味わう。
- 自分の体を十分に動かし、進んで運動しようとする。
- 健康、安全な生活に必要な習慣や態度を身に付け、見通しをもって行動する。

人間関係
- 園生活を楽しみ、自分の力で行動することの充実感を味わう。
- 身近な人と親しみ、関わりを深め、工夫したり、協力したりして一緒に活動する楽しさを味わい、愛情や信頼感をもつ。
- 社会生活における望ましい習慣や態度を身に付ける。

環境
- 身近な環境に親しみ、自然と触れ合う中で様々な事象に興味や関心をもつ。
- 身近な環境に自分から関わり、発見を楽しんだり、考えたり、それを生活に取り入れようとする。
- 身近な事象を見たり、考えたり、扱ったりする中で、物の性質や数量、文字などに対する感覚を豊かにする。

言葉
- 自分の気持ちを言葉で表現する楽しさを味わう。
- 人の言葉や話などをよく聞き、自分の経験したことや考えたことを話し、伝え合う喜びを味わう。
- 日常生活に必要な言葉が分かるようになるとともに、絵本や物語などに親しみ、言葉に対する感覚を豊かにし、保育者や友達と心を通わせる。

表現
- いろいろなものの美しさなどに対する豊かな感性をもつ。
- 感じたことや考えたことを自分なりに表現して楽しむ。
- 生活の中でイメージを豊かにし、様々な表現を楽しむ。

ア
- ドッジボールのクラス対抗戦を実現するため、大きめのコートを描いたり、友達と誘い合ったり、「9時から始めるよー」と予定を知らせたりしていた。❸❻❽

イ
- ドッジボールで勝利するために、仲間とパスを回して相手チームにボールを渡さない作戦をとるなど、チームで協力し合っていた。
- ドッジボールで外野にいる時、ボールを取りに突進していたが、あまりボールに触れていない友達とボールを取り合った時は、相手に譲るように変わってきた。❸

ウ
- やじろべえ作りをしながら、バランスをとるためにはどんぐりの重さと竹ひごの長さが関係していることに気付いていた。

- どんぐりを割ると、中に水分があることに気付き、「あっ、生きてるんや、これ」と声を上げた。その後、どんぐりの扱いが丁寧になっている様子だった。

- ドッジボールで、「今日はらいおん組（26人）対ぞう組（27人）でするから、でっかいコートでなきゃね」と言いながらラインを引いていた。❶❸

- 自分もやじろべえをまねて、両手にボールや積み木などをもち、バランスをとっていた。「これ見て、やじろべえ、やじろべえ」と言いながら、片足で立ち、頭の上に作ったやじろべえを載せて、おどけていた。❻

幼児期の終わりまでに育ってほしい姿（キーワード）

❶ 健康な心と体
- ❶充実感をもってやりたいことに向かう
- ❷見通しをもって行動する
- ❸自ら健康で安全な生活をつくり出す

❷ 自立心
- ❶しなければならないことを自覚する
- ❷自分で行うために考えたり、工夫したりする
- ❸諦めずにやり遂げる
- ❹自信をもって行動する

❸ 協同性
- ❶互いの思いを共有する
- ❷共通の目的に向けて、考え、工夫し、協力する
- ❸充実感をもってやり遂げる

❹ 道徳性・規範意識の芽生え
- ❶してよいこと、悪いことが分かる
- ❷自分の行動を振り返ったり、相手の立場に立てる
- ❸気持ちを調整し、友達と折り合いを付ける
- ❹きまりをつくり、守る

❺ 社会生活との関わり
- ❶家族を大切にしたり、地域の身近な人と触れ合う
- ❷自分が役に立つ喜びを感じる
- ❸情報を役立て活動する
- ❹公共の施設を大切にする

❻ 思考力の芽生え
- ❶物の性質や仕組みを感じ取ったり気付いたりする
- ❷考えたり、予想したり、工夫したりする
- ❸友達の様々な考えに触れる

❼ 自然との関わり・生命尊重

❽ 数量や図形、標識や文字などへの関心・感覚

❾ 言葉による伝え合い

❿ 豊かな感性と表現

＊シート中の **ア イ ウ** の記述を、右ページ「A太の要録」の同記号部分の記載に生かしています。

このシートから読み解けること

- 運動会での体験や自信が、A太の「健康な心と体」を後押しし、積極的で受容的な態度がみられている。

- より大きな集団の中で「協同性」を発揮しながら活動する中では、フェアプレーや思いやりある対応など、「道徳性や規範意識」の成長が仲間たちからも評価されつつある。

- また、このような体験がもととなって落ち着きも出て、「数量や図形、文字」や「自然との関わり」も増え、「思考力」を働かせ、自分なりの「表現」を楽しむなどの育ちがみられる。

要録

▼Ａ太の要録　幼稚園幼児指導要録の様式に記入した例

稚園幼児指導要録（最終学年の指導に関する記録）

平成 〇〇年度

指導の重点等	
（学年の重点）	友達と工夫したり協力したりしながら様々な遊びや活動に取り組む。
（個人の重点）	相手の立場で考えたり、活動に見通しをもって行動したりして、やり遂げる充実感を味わう。

指導上参考となる事項

- 伸び伸びと体を動かして遊んだり、工夫していろいろな技能を身に付けていったりするなど、機敏で運動能力に優れていて、サッカーやドッジボールなどの球技ではリーダーシップを発揮していた。【ア】
- 勝敗にこだわったり、自分の欲求を通そうとして強い態度に出ることもあったため、保育者は年少者やお年寄りなど、周囲の人に優しく関わる態度をほめたり、相手の立場になって考えようとする姿勢を励ましたりしてきた。
- 秋の運動会での世話係の体験や、仲間と思いを共有しながらパフォーマンスを成功させた体験などを経て、友達に対する配慮やルールを守る態度もいっそう身に付いてきた。【イ】
- 友達との関わりが広がるにつれ、友達の様々な考えに関心を示し、よく話を聞いたり、わからないことをたずねたりしながら、自分でも挑戦するようになってきた。
- 意欲的に動植物の世話をしたり、手指の巧緻性が求められる製作遊びや絵本作りなどにも根気強く取り組む姿もみられるようになってきている。【ウ】
- 全体に向けて話される内容を自分の問題として聞き取ったり、理解したりする力も付いてきている。

備考　特記事項なし。

幼児期の終わりまでに育ってほしい姿

「幼児期の終わりまでに育ってほしい姿」は、幼稚園…に示すねらい及び内容に基づいて、各幼稚園で、幼…遊びや生活を積み重ねることにより、幼稚園教育にお…質・能力が育まれている幼児の具体的な姿であり、…見られるようになる姿である。「幼児期の終わりまで…姿」は、とりわけ幼児の自発的な活動としての遊び…人の発達の特性に応じて、これらの姿が育っていくも…幼児に同じように見られるものではないことに留意す…

健康な心と体	幼稚園生活の中で、充実感をもって自分…かって心と体を十分に働かせ、見通しを…康で安全な生活をつくり出すようになる。
自立心	身近な環境に主体的に関わり様々な活動…ければならないことを自覚し、自分の力で…工夫したりしながら、諦めずにやり遂げる…い、自信をもって行動するようになる。
協同性	友達と関わる中で、互いの思いや考えな…目的の実現に向けて、考えたり、工夫し…充実感をもってやり遂げるようになる。
道徳性・規範意識の芽生え	友達と様々な体験を重ねる中で、してよ…かり、自分の行動を振り返ったり、友達の…り、相手の立場に立って行動するように…守る必要性が分かり、自分の気持ちを調…いを付けながら、きまりをつくったり、守…
社会生活との関わり	家族を大切にしようとする気持ちをもつと…な人と触れ合う中で、人との様々な関わり…気持ちを考えて関わり、自分が役に立つ…しみをもつようになる。また、幼稚園内外…の中で、遊びや生活に必要な情報を取り…判断したり、情報を伝え合ったり、活用し…を役立てながら活動するようになるととも…切に利用するなどして、社会とのつながり…になる。
思考力の芽生え	身近な事象に積極的に関わる中で、物の…感じ取ったり、気付いたりし、考えたり、…するなど、多様な関わりを楽しむように…様々な考えに触れる中で、自分と異なる…き、自ら判断したり、考え直したりするな…出す喜びを味わいながら、自分の考えを…うになる。
自然との関わり・生命尊重	自然に触れて感動する体験を通して、自…取り、好奇心や探究心をもって考え言葉…身近な事象への関心が高まるとともに、…の念をもつようになる。また、身近な動植…中で、生命の不思議さや尊さに気付き、…し方を考え、命あるものとしていたわり、…もって関わるようになる。
数量や図形、標識や文字などへの関心・感覚	遊びや生活の中で、数量や図形、標識や…験を重ねたり、標識や文字の役割に気付…要感に基づきこれらを活用し、興味や関…なる。
言葉による伝え合い	先生や友達と心を通わせる中で、絵本や…がら、豊かな言葉や表現を身に付け、経…となどを言葉で伝えたり、相手の話を注…葉による伝え合いを楽しむようになる。
豊かな感性と表現	心を動かす出来事などに触れ感性を働か…材の特徴や表現の仕方などに気付き、感…とを自分で表現したり、友達同士で表現…りし、表現する喜びを味わい、意欲をも…

育ちの姿シートから要録へ

第2章　保育記録を保育要録に生かそう！

　Ａ太は球技などの遊びが得意で、リーダーシップを発揮していた。反面、勝敗にこだわったり、自分の欲求を通そうと強い態度に出て、相手を威圧したりすることもあった。このようなＡ太の態度の背景には、自己肯定感が弱い面があると推察して、指導の手立てを考えてきた。

　秋の運動会で世話係をこなした体験や、仲間と思いを共有しながらパフォーマンスを成功させた体験などを経て、友達に対する配慮やルールを守る態度が身に付いてきたことを、Ａ太の成長と保育者の指導がかみ合ってきたポイントとして記している。

　また、このような成功体験が下地になって友達との関わりが広がり、動植物の世話を積極的に行ったり、製作遊びなどに根気強く取り組んだりする姿についても記述し、Ａ太の育ちつつある姿をわかりやすく示している。

「5歳児後期の 育ちの姿シート」から「要録」へ —— 記入例②

複数の記録をシートにまとめ、要録へ

育ちの姿シート

▼ B子の数日にわたる保育記録から記入した「育ちの姿シート」（11月ごろ）

5歳児後期の
育ちの姿シート

（○○ 年 11 月 5 日ごろ）
～
（○○ 年 11 月22日ごろ）

●子どもの氏名　○○B子

●クラス名　らいおん組

子どもの姿 ＜資質・能力の観点から＞

ⓐ知識及び技能の基礎	ⓑ思考力,判断力,表現力等の基礎	ⓒ学びに向かう力,人間性等
（キーワード） ○ 気付く ○ 分かる ○ できる　など	○ 考える ○ 試す ○ 工夫する ○ 表現する　など	○ 意欲をもつ ○ 頑張る ○ 粘り強く取り組む ○ 挑戦する ○ 協力する　など

5領域		

健康
- 明るく伸び伸びと行動し、充実感を味わう。
- 自分の体を十分に動かし、進んで運動しようとする。
- 健康、安全な生活に必要な習慣や態度を身に付け、見通しをもって行動する。

人間関係
- 園生活を楽しみ、自分の力で行動することの充実感を味わう。
- 身近な人と親しみ、関わりを深め、工夫したり、協力したりして一緒に活動する楽しさを味わい、愛情や信頼感をもつ。
- 社会生活における望ましい習慣や態度を身に付ける。

環境
- 身近な環境に親しみ、自然と触れ合う中で様々な事象に興味や関心をもつ。
- 身近な環境に自分から関わり、発見を楽しんだり、考えたりし、それを生活に取り入れようとする。
- 身近な事象を見たり、考えたり、扱ったりする中で、物の性質や数量、文字などに対する感覚を豊かにする。

言葉
- 自分の気持ちを言葉で表現する楽しさを味わう。
- 人の言葉や話などをよく聞き、自分の経験したことや考えたことを話し、伝え合う喜びを味わう。
- 日常生活に必要な言葉が分かるようになるとともに、絵本や物語などに親しみ、言葉に対する感覚を豊かにし、保育者や友達と心を通わせる。

表現
- いろいろなものの美しさなどに対する豊かな感性をもつ。
- 感じたことや考えたことを自分なりに表現して楽しむ。
- 生活の中でイメージを豊かにし、様々な表現を楽しむ。

- 慣れないことをする時は消極的であったが、「♪おはぎがお嫁に行く時は～」と自分の順番がくるまで歌ったりジャンプしたりしてリハーサルしている。❹

- みんなが落ち葉を遊びに使ってしまう前に、かめの冬眠用の分を確保しておくことを知っていて、竹ぼうきで掃き集め始めた。❸❼

- **ア**　レストランごっこでは、みんなで話し合って役割を考え、フロアマネージャーのような接客リーダーの役を演じながら、3歳児にもわかるやり方や説明をして、リアリティーの高いごっこ遊びにしようと表現を工夫していた。❹❺❾❿

- 3歳児にわかるルールについて理解し、相手の思いを受け止めている。

- **ア**　レストランなどの公的な場での立ち居振る舞いを、自らの体験をもとに考え、工夫している。また3歳児にも、自分が媒介になることでつながりがもてるようになっている。❸❹

- 紅葉した葉の色や形、葉脈のデザインの美しさや面白さに気付いている。❼❿

- レストランごっこで、色付いたさくらやいちょうの葉を使ってオードブル盛り合わせを作る。かいづかいぶきの葉を潰して水を加え、緑茶にし、「これは、ずっと緑色だね」と言う。❿

- **ウ**　どの皿にも同じ3個のオードブルを並べた。「どれも100円です」と言って、どんぐり1個で売っている。くぬぎは100円で、小さいかしは10円とのこと。❻

- **ウ**　レストランの対応で使われる用語や表現を自然に使っている。接客が、客を大切にするサービスであることなどを理解してのことであろう。❺

- 石けんを泡立て器でホイップ状にしたものを落ち葉にかけ、上に赤い実をあしらうなど、色の組み合わせを工夫し本物らしく見立てている。

- 友達がしている「おはぎがお嫁に行く時は」のじゃんけんゲームに参加する。1拍で1ジャンプのルールがわかり、何度もチャレンジする。❹❻

- 動物の世話の当番日を意識して、友達と声をかけ合って動物の家に走っていった。❸❼

- **イ　オ**　仲間のリアリティーを求める思いと、3歳児のわからないけれど関心はある思いの両方を大切にして、粘り強く応答している。❹❻

- くぬぎのどんぐりを100円、それより小さなかしのどんぐりを10円に見立てたりして、お金の価値と単位をみんなが納得できるよう工夫している。❽

- **エ**　朝一番に、動物の家のかめの冬眠のために落ち葉を集めに行く。「もう少し寒くなったら、葉っぱのお布団でおやすみよ」と話しながら、友達と集めている。❷❸❿

- 勝手に商品に触れる3歳児に、「少々、お待ち下さいね」と優しく説明している。お金のどんぐりを持ってきていない子には、「今日はサービスです。今度はお母さんや先生と来て下さいね」と応じていた。❸❹

幼児期の終わりまでに育ってほしい姿 （キーワード）	
❶健康な心と体	ⓒ充実感をもってやりたいことに向かう ⓐ見通しをもって行動する ⓑ自ら健康で安全な生活をつくり出す
❷自立心	ⓐしなければならないことを自覚する ⓑ自分で行うために考えたり、工夫したりする ⓒ諦めずにやり遂げる ⓒ自信をもって行動する
❸協同性	ⓐ互いの思いを共有する ⓑ共通の目的に向けて、考え、工夫する ⓒ充実感をもってやり遂げる
❹道徳性・規範意識の芽生え	ⓐしてよいこと、悪いことが分かる ⓑ自分の行動を振り返ったり、相手の立場に立てる ⓒ気持ちを調整し、友達と折り合いを付ける ⓑきまりをつくり、守る
❺社会生活との関わり	ⓐ家族を大切にしたり、地域の身近な人と触れ合う ⓑ自分が役に立つ喜びを感じる ⓑ情報を役立て活動する ⓒ公共の施設を大切にする
❻思考力の芽生え	ⓐ物の性質や仕組みを感じ取ったり気付いたりする ⓑ考えたり、予想したり、工夫したりする ⓒ友達の様々な考えに触れる
❼自然との関わり・生命尊重	ⓐ ⓑ ⓒ
❽数量や図形、標識や文字などへの関心・感覚	ⓐ ⓑ
❾言葉による伝え合い	ⓐ ⓑ
❿豊かな感性と表現	ⓐ ⓑ表現する喜びを味わい、意欲をもつ

*シート中の **ア イ ウ エ オ** の記述を、右ページ「B子の要録」の同記号部分の記載に生かしています。

このシートから読み解けること

● 気の合う友達との室内遊びが多かったB子が、自分の得意分野の豊富な知識（「社会生活との関わり」「豊かな感性と表現」「思考力」など）を示すことで、自分の存在感を示すきっかけを得た。

● これによって「自立心」や「健康な心と体」、「協同性」などを発揮しながら、戸外においてもいろいろな友達との関わりを広げ、ダイナミックに活動するようになってきた育ちの様子がみられる。

42

第2章 保育記録を保育要録に生かそう！

要録

▼ B子の要録　幼稚園幼児指導要録の様式に記入した例

稚園幼児指導要録（最終学年の指導に関する記録）

	平成 ○○ 年度
指導の重点等	（学年の重点） 友達と工夫したり協力したりしながら様々な遊びや活動に取り組み、考えたり、伝え合ったり、表現したりする。 （個人の重点） 友達と一緒に伸び伸びと活動し、やり遂げた充実感を味わう。

月　日生	

（る視点）

指導上参考となる事項	・進級当初は、仲よしの女児と一緒に室内での製作やごっこ遊びをして過ごすことが多かった。その関係の中では安定した気持ちで自分の思いや考えが表現できていたが、初めてのことや自分が苦手に思っていることなどに対しては、遠巻きに見ていたり不安そうにしたりすることもあった。 ・保育者が「あなたならどう？」と問いかけて、自分なりの言葉で表現してみるよう促したり、少し先の見通しをもって考えるよう助言したりし、行動してうまくいった時にはそれを認めて、励ましてきた。 ・秋には、ハロウィンなどの**行事やグルメ、エンターテイメントに対して豊富な知識を示すなど、自分の存在感を示すきっかけを得た。**【ア】これまで関心のあったことを図書やインターネットなどを使ってさらに知識を広げ、調べた情報をクラスの集まりの場で発信したり、**関心を示す友達に丁寧に説明したりする姿**が周りから認められるようになった。【イ】 ・**文字を使ったり、数量や形、色やデザインなどを考えて表現を工夫したり**しながら様々な衣装や装飾品を作るなど、友達とのダイナミックな表現遊びを楽しむようになってきた。【ウ】 ・次第に友達の輪も広がり、**動植物に触れる活動**【エ】、陣取りやおにごっこなど戸外で体を動かす遊びをはじめ、いろいろなことに意欲的に取り組む姿も多くなった。自分の役割や責任を意識しながらルールややり方を友達に伝え、**共通の目的に向かってやり遂げようとする姿**がみられ始めている。【オ】

年度	
備考	特記事項なし。

幼児期の終わりまでに育ってほし

「幼児期の終わりまでに育ってほしい姿」は、幼稚園に示すねらい及び内容に基づいて、各幼稚園で、幼児遊びや生活を積み重ねることにより、幼稚園教育に質・能力が育まれている幼児の具体的な姿であり、見られるようになる姿である。「幼児期の終わりまで姿」は、とりわけ幼児の自発的な活動としての遊び人の発達の特性に応じて、これらの姿が育っていくも幼児に同じように見られるものではないことに留意す

健康な心と体	幼稚園生活の中で、充実感をもって自分かって心と体を十分に働かせ、見通しを康で安全な生活をつくり出すようになる。
自立心	身近な環境に主体的に関わり様々な活動ければならないことを自覚し、自分の力で工夫したりしながら、諦めずにやり遂げい、自信をもって行動するようになる。
協同性	友達と関わる中で、互いの思いや考え目的の実現に向けて、考えたり、工夫し、充実感をもってやり遂げるようになる。
道徳性・規範意識の芽生え	友達と様々な体験を重ねる中で、してよい、自分の行動を振り返ったり、友達の、相手の立場に立って行動するように守る必要性が分かり、自分の気持ちを調いを付けながら、きまりをつくったり、守
社会生活との関わり	家族を大切にしようとする気持ちをもっな人と触れ合う中で、人との様々な関わり気持ちを考えて関わり、自分が役に立つしみをもつようになる。また、幼稚園内外の中で、遊びや生活に必要な情報を取り判断したり、情報を伝え合ったり、活用を役立てながら活動するようになるとと切に利用するなどして、社会とのつながりになる。
思考力の芽生え	身近な事象に積極的に関わる中で、物の感じ取ったり、気付いたり、考えたり、りするなど、多様な関わりを楽しむように様々な考えに触れる中で、自分と異なるき、自ら判断したり、考え直したりするな出す喜びを味わいながら、自分の考えをうになる。
自然との関わり・生命尊重	自然に触れて感動する体験を通して、自取り、好奇心や探究心をもって考え言葉身近な事象への関心が高まるとともに、の念をもつようになる。また、身近な動植中で、生命の不思議さや尊さに気付き、し方を考え、命あるものとしていたわり、もって関わるようになる。
数量や図形、標識や文字などへの関心・感覚	遊びや生活の中で、数量や図形、標識や験を重ねたり、標識や文字の役割に気付を意識に基づきこれらを活用し、興味や関なる。
言葉による伝え合い	先生や友達と心を通わせる中で、絵本やがら、豊かな言葉や表現を身に付け、経となどを言葉で伝えたり、相手の話を注葉による伝え合いを楽しむようになる。
豊かな感性と表現	心を動かす出来事などに触れ感性を働か材の特徴や表現の仕方などに気付き、感とを自分で表現したり、友達同士で表現りし、表現する喜びを味わい、意欲をも

育ちの姿シートから要録へ

以前は慣れないことをする時には消極的であったが、初めてのことにも、歌いながら自分の順番が来るまで楽しく待つ姿に、B子の成長的な変化を見いだしている。

要録には、レストランごっこの時に、得意分野での知識を生かした様々なアイデアや創意工夫が周りに認められ、さらに表現を発展させるきっかけになった様子を、具体的な姿で捉えて記載している。

また、〈個人の重点〉に挙げられている「伸び伸びと活動」することや、「やり遂げた充実感を味わう」ために、保育者がB子なりの言葉を引き出そうとしたり、3歳児との関わりを作ったりしていることもわかる。

育ちの姿シートをもとに、B子の姿を「豊かな感性と表現」「言葉による伝え合い」「数量や図形、標識や文字などへの関心・感覚」「自然との関わり・生命尊重」「思考力の芽生え」「社会生活との関わり」などの視点から捉え、その成長をバランスよく、生き生きと伝えている。

43

5歳児後期の 育ちの姿シート

(　年　　月　　日ごろ)
〜
(　年　　月　　日ごろ)

●子どもの氏名

●クラス名

子どもの姿 ＜資質・能力の観点から＞

	ⓐ 知識及び技能の基礎	ⓑ 思考力、判断力、表現力等の基礎	ⓒ 学びに向かう力、人間性等
（キーワード）	○ 気付く ○ 分かる ○ できる　など	○ 考える ○ 試す ○ 工夫する ○ 表現する　など	○ 意欲をもつ ○ 頑張る ○ 粘り強く取り組む ○ 挑戦する ○ 協力する　など

5領域

健康
- 明るく伸び伸びと行動し、充実感を味わう。
- 自分の体を十分に動かし、進んで運動しようとする。
- 健康、安全な生活に必要な習慣や態度を身に付け、見通しをもって行動する。

人間関係
- 園生活を楽しみ、自分の力で行動することの充実感を味わう。
- 身近な人と親しみ、関わりを深め、工夫したり、協力したりして一緒に活動する楽しさを味わい、愛情や信頼感をもつ。
- 社会生活における望ましい習慣や態度を身に付ける。

環境
- 身近な環境に親しみ、自然と触れ合う中で様々な事象に興味や関心をもつ。
- 身近な環境に自分から関わり、発見を楽しんだり、考えたりし、それを生活に取り入れようとする。
- 身近な事象を見たり、考えたり、扱ったりする中で、物の性質や数量、文字などに対する感覚を豊かにする。

言葉
- 自分の気持ちを言葉で表現する楽しさを味わう。
- 人の言葉や話などをよく聞き、自分の経験したことや考えたことを話し、伝え合う喜びを味わう。
- 日常生活に必要な言葉が分かるようになるとともに、絵本や物語などに親しみ、言葉に対する感覚を豊かにし、保育者や友達と心を通わせる。

表現
- いろいろなものの美しさなどに対する豊かな感性をもつ。
- 感じたことや考えたことを自分なりに表現して楽しむ。
- 生活の中でイメージを豊かにし、様々な表現を楽しむ。

幼児期の終わりまでに育ってほしい姿 （キーワード）

❶ 健康な心と体
- ⓒ 充実感をもってやりたいことに向かう
- ⓑ 見通しをもって行動する
- ⓐ 自ら健康で安全な生活をつくり出す

❷ 自立心
- ⓐ しなければならないことを自覚する
- ⓑ 自分で行うために考えたり、工夫したりする
- ⓒ 諦めずにやり遂げる
- ⓒ 自信をもって行動する

❸ 協同性
- ⓐ 互いの思いを共有する
- ⓑ 共通の目的に向けて、考え、工夫し、協力する
- ⓒ 充実感をもってやり遂げる

❹ 道徳性・規範意識の芽生え
- ⓐ してよいこと、悪いことが分かる
- ⓑ 自分の行動を振り返ったり、相手の立場に立てる
- ⓒ 気持ちを調整し、友達と折り合いを付ける
- ⓑ きまりをつくり、守る

❺ 社会生活との関わり
- ⓒ 家族を大切にしたり、地域の身近な人と触れ合う
- ⓒ 自分が役に立つ喜びを感じる
- ⓑ 情報を役立て活動する
- ⓒ 公共の施設を大切にする

❻ 思考力の芽生え
- ⓐ 物の性質や仕組みを感じ取ったり気付いたりする
- ⓑ 考えたり、予想したり、工夫したりする
- ⓐ 友達の様々な考えに触れる
- ⓑ 新しい考えを生み出し、よりよいものにする

❼ 自然との関わり・生命尊重
- ⓐ 自然の変化を感じ取る
- ⓑ 好奇心をもって考え、言葉などで表現する
- ⓒ 自然に畏敬の念をもつ
- ⓐ 生命の不思議さや尊さに気付く
- ⓒ 動植物を大切にする

❽ 数量や図形、標識や文字などへの関心・感覚
- ⓐ 数量や図形、標識や文字に親しみ、役割に気付く
- ⓑ 必要感に基づき活用する
- ⓒ 興味や関心、感覚をもつ

❾ 言葉による伝え合い
- ⓐ 豊かな言葉や表現を身に付ける
- ⓑ 経験や考えを言葉で伝える
- ⓒ 言葉による伝え合いを楽しむ

❿ 豊かな感性と表現
- ⓐ 素材の特徴や表現の仕方に気付く
- ⓑ 感じたことを自分で表現したり、友達同士で表現する過程を楽しむ
- ⓒ 表現する喜びを味わい、意欲をもつ

44

第 **3** 章

保育要録
記入のポイント&
記入例

様々な個性をもった子どもたちの要録の記入例を
掲載しています。下記の順で見ていくとよくわかります。

●記入例の見方

テーマ　子どもに見られる特徴を端的に表しています。

➕の視点で　プラスの視点での捉え方を示しています。

↓

○くんの保育記録より

• ○くんってこんな子…子どもの背景や、要録に書かれていない日常の姿を記しています。

• 保育士の関わり…○くんに対して、保育士が行ってきた指導を記しています。

↓

要録の記入例　上記の子どもの姿から、要録を書く時の記入例を記載しています。

↓

Point　記入例のよい書き方やポイントなどを示しています。

※実際は「最終年度の重点」はその学年で同一の内容を記入
しますが、本書では、いろいろなケースを紹介するために、
子どもごとに異なる「最終年度の重点」を掲載しています。

記入のポイント

実際に「保育に関する記録」を書く際に、意識したいポイントをご紹介します。充実した保育要録を書くために大切な内容です。

「保育に関する記録」を書く時に意識したいポイントは6つ

　実際に、保育要録の「保育に関する記録」を書く時には、どのような点に注意すればいいのでしょうか。

　保育要録の様式は記録のスペースが限られているので、書くべき情報を取捨選択し、記述することが大切になります。その際に意識しておきたいポイントとして、大きく右の6つが挙げられます。

　それぞれのポイントについて、順に説明をしていきましょう。

> 1. その年度に「特にその子が伸びた所」を書く
> 2. 他児との比較や達成度ではなく、「育ちつつある姿」を書く
> 3. 読み手が小学校の先生であることを意識し、できるだけ具体的に書く
> 4. 否定的な視点での記述や、家庭事情など背景の記載は避ける
> 5. 保育士がしてきた指導・援助や「こうするとよい」などの対応策を盛り込む
> 6. 文字の大きさなどにも気を付け、読みやすい書面を心がける

❶ その年度に「特にその子が伸びた所」を書く

　「保育に関する記録」の様式には、「幼児期の終わりまでに育ってほしい姿」（10の姿）の10項目が記載されました。これを見ると、「保育の展開と子どもの育ち」の欄に、10項目全てを書かなければいけないのかと思う人もいるかもしれませんが、決してそういうことではありません。「10の姿」を1つの参考として、「子どもの発達の実情から向上が著しいと思われるもの」を記入することが大切です。つまり、最終年度の1年間で、その子が大きく伸びたと感じる所を取り上げて記述するようにしましょう。

　例えば、その子が取り組んだ遊びや活動の中で、遊びが広がった、夢中になってやっていたと感じるのはどんな場面でしょうか。そこをじっくり振り返ってみると、その遊びに取り組むことで、友達と目的を共有して活動する「協同性」や「言葉による伝え合い」、あるいは考えたり工夫したりする「思考力の芽生え」など、その子の伸びた所が捉えられるはずです。

2 他児との比較や達成度ではなく、「育ちつつある姿」を書く

　子どもの伸びた所に注目する時に、気を付けなければならないのは、それが「他の子どもとの比較や一定の基準に対する達成度についての評定によって捉えるものではない」という点です。

　クラスという集団をみていると、「この子とこの子ができていない」という他児との比較や、平均的な達成度を基準にして子どもを評価してしまいがちです。保育要録にはそのような"できる・できない"を書くのではなく、保育士からみた、その子自身が最終年度の1年間で育った所、変化を感じる所を大切にして書きましょう。

　「以前は自分の気持ちをうまく伝えられず葛藤がみられたが、言葉の表現が豊かになり、素直に表現できるようになった」と書けば、その子なりに言葉による表現が"育ちつつある"姿を伝えられます。あるいは「友達と意見が合わず、困りながらも徐々に折り合いが付けられるようになってきている。」「毎日夢中になって取り組んでいた泥団子作りでは、どうしたら硬く丈夫なものができるかと何度も試行錯誤しながら考える姿がみられた」とすれば、夢中になるあまり友達とぶつかることがあっても、探究心や思考力も育ってきている子どもなのだということが、小学校の先生にも伝わります。

　1年間子どもをみてきた担任だからこそわかる、一人ひとりの持ち味を、上手に表現しましょう。

欄外に注目！

- 保育所における保育は、養護及び教育を一体的に行うことをその特性とするものであり、保育所における保育全体を通じて、養護に関するねらい及び内容を踏まえた保育が展開されることを念頭に置き、次の各事項を記入すること。
○保育の過程と子どもの育ちに関する事項
＊最終年度の重点：年度当初に、全体的な計画に基づき長期の見通しとして設定したものを記入すること。
＊個人の重点：1年間を振り返って、子どもの指導について特に重視してきた点を記入すること。
＊保育の展開と子どもの育ち：最終年度の1年間の保育における指導の過程と子どもの発達の姿（保育所保育指針第2章「保育の内容」に示された各領域のねらいを視点として、子どもの発達の実情から向上が著しいと思われるもの）を、保育所の生活を通して全体的、総合的に捉えて記入すること。その際、他の子どもとの比較や一定の基準に対する達成度についての評定によって捉えるものではないことに留意すること。あわせて、就学後の指導に必要と考えられる配慮事項等について記入すること。別紙を参照し、「幼児期の終わりまでに育ってほしい姿」を活用して子どもに育まれている資質・能力を捉え、指導の過程と育ちつつある姿をわかりやすく記入するように留意すること。
＊特に配慮すべき事項：子どもの健康の状況等、就学後の指導において配慮が必要なこととして、特記すべき事項がある場合に記入すること。
○最終年度に至るまでの育ちに関する事項
　子どもの入所時から最終年度に至るまでの育ちに関し、最終年度における保育の過程と子どもの育ちの姿を理解する上で、特に重要と考えられることを記入すること。

「保育に関する記録」様式の欄外にある注意書きには、ヒントがいっぱい。忘れずにチェックしましょう。

第3章 記入のポイント

③ 読み手が小学校の先生であることを意識し、できるだけ具体的に書く

　保育要録を読むのは、小学校の先生です。小学校の先生は、園での生活や、遊びに夢中になっている子どもの姿を必ずしも詳しく知っているわけではありません。

　たとえば「外遊びをたくさん楽しんだ」と書けば、保育士は明るく元気に過ごした姿が伝わると思うかもしれません。しかし小学校での外遊びは指導の対象教科ではなく、あくまでも休憩時間です。そこでの「子どもの姿」といわれても、小学校の先生には理解しづらいものです。外遊びなら外遊びの中で、その子がどんなことに夢中になり、どんな力が育ったのかがわかるように、できるだけ具体的に記述しましょう。

　ある子どもは園庭で虫探しに熱中しながら図鑑で調べるなどして、虫の姿や餌の違いに気付いたかもしれませんし、サッカー遊びでは、どうすれば勝てるかを考えたり、みんなが楽しめるように仲間とルールを話し合ったりした子もいるかもしれません。あるいは色水遊びで、すりばちで花びらを潰したことで手の操作性が育ったり、色の違いや美しさに気付いたり、作った色水の量を比べたりして、季節の遊びを工夫して楽しんだ子もいるでしょう。そうした活動を通して、どのような経験をし、何が育ちつつあるかを、具体的に記述すると、「この子は虫などの生物に興味がある」など、小学校での指導につながる情報になります。

④ 否定的な視点での記述や、家庭事情など背景の記載は避ける

　保育要録は記録として保存される文書であり、保護者が求めれば開示することもあります。保護者が目にするかもしれない文書として、できるだけプラスの視点で子どもを捉えて記述をしましょう。

　最近は保育所と小学校の接続において、小学校側から「授業の間、座っていられるか」や「この子とこの子は同じクラスにしないほうがよいか」といった情報を求めてくることがありますが、そうしたことは長く保存される文書に残す記録としてはふさわしくないので、注意してください。

　また小学校側に不要な先入観を与えるような書き方をしないことも重要です。「朝起きられずに遅刻が多い」というのは家庭の事情であって、子ども本人の育ちの記録ではありません。皮膚疾患やアレルギーなどの健康状態についても、小学校で生活する上で配慮が必要なことについては記録しますが、それも補足的な記述にとどめます。あくまでも園での指導と子どもの成長についての記述を中心に書くことを、忘れないでください。

プラスの視点で

❺ 保育士がしてきた指導・援助や、「こうするとよい」などの対応策を盛り込む

特に発達障害のある子どもや"気になる子"については、集団活動に入りづらい、友達とのトラブルが多い、といったマイナス面の記述が多くなりがちです。そうした子どもの課題に対し、保育士が行ってきた支援や対応策も忘れずに書くようにしましょう。

当初は友達と遊べなかった子どもでも、「保育士がタイミングをみて声をかけて誘っていくと、本児と友達との関わりが増えた」とか「気の合う友達との出会いをきっかけに、他児と誘い合う姿がみられるようになった」など、こうするとうまくいったという手がかりを小学校に伝えることが大切です。

気になる子であっても、1年間を振り返ってみれば、必ず成長しています。友達と遊ぶのは苦手だけれども、当番活動を頑張った、という子もいるでしょう。それぞれの伸びしろに目を向けて、小学校でさらに伸ばしてほしいという気持ちで記述をしましょう。

❻ 文字の大きさなどにも気を付け、読みやすい書面を心がける

保育要録は、読みやすい書面にすることも大切です。保育士がせっかく苦労して作成しても、小学校の先生に読んでもらえなければ意味がなくなってしまいます。

伝えたいことがたくさんあるからと、細かい文字でびっしり隙間なく書いてしまうと、かえって読みにくくなります。文字の大きさや量を調整する、段落ごとに改行するなど、読みやすくする工夫をしてみてください。

また子どもによって記述の分量に差が出るのも、よくありません。不公平感を生じさせないためにも、適度な分量の範囲に全員がおさまるよう調整をしましょう。

さらに一文が長過ぎたり、主語がなく保育士がしたことか子どもがしたことかがかわからなかったり、言葉や漢字の使い方に誤りがあったりする場合も、読み手に正しい情報が伝わりません。修正液の使用も不可ですから、間違いのないように気を付けて記入しましょう。

記入例 1

自分より他児の世話を優先する子

➕の視点で → 面倒見がいい子

ふりがな	○○○○ ○○○○	保育の過程と子どもの育ちに関する事項	最終年度に至るまでの育ちに関する事項
氏名	○○ A子	(最終年度の重点) 目標に向けて他児と相談しながら、活動をすすめていく楽しさを味わう。	5か月で入園、6年間在籍した。0歳では、保育士の呼びかけに笑顔を見せるなど、よく遊び安定して過ごした。1歳では、好きな遊びに集中して機嫌よく遊んだが、玩具を取られた時など、大きな声を出して意思を示した。2歳では、食べることに意欲が出はじめ、好き嫌いなく何でも食べた。また、人形を布団に寝かせるなど、ままごと遊びを好んだ。3歳では、特定の友達と関わる姿がよくみられ、生活の流れもよく理解し過ごした。4歳では、経験したことや遊びの中で感じたことを自分で保育士に伝えるようになった。
生年月日	○年○月○日		
性別	女	(個人の重点) 自己を十分に発揮して充実感を味わう。	

ねらい（発達を捉える視点）

健康
- 明るく伸び伸びと行動し、充実感を味わう。
- 自分の体を十分に動かし、進んで運動しようとする。
- 健康、安全な生活に必要な習慣や態度を身に付け、見通しをもって行動する。

人間関係
- 保育所の生活を楽しみ、自分の力で行動することの充実感を味わう。
- 身近な人と親しみ、関わりを深め、工夫したり、協力したりして一緒に活動する楽しさを味わい、愛情や信頼感をもつ。
- 社会生活における望ましい習慣や態度を身に付ける。

環境
- 身近な環境に親しみ、自然と触れ合う中で様々な事象に興味や関心をもつ。
- 身近な環境に自分から関わり、発見を楽しんだり、考えたりし、それを生活に取り入れようとする。
- 身近な事象を見たり、考えたり、扱ったりする中で、物の性質や数量、文字などに対する感覚を豊かにする。

言葉
- 自分の気持ちを言葉で表現する楽しさを味わう。
- 人の言葉や話などをよく聞き、自分の経験したことや考えたことを話し、伝え合う喜びを味わう。
- 日常生活に必要な言葉が分かるようになるとともに、絵本や物語などに親しみ、言葉に対する感覚を豊かにし、保育士等や友達と心を通わせる。

表現
- いろいろなものの美しさなどに対する豊かな感性をもつ。
- 感じたことや考えたことを自分なりに表現して楽しむ。
- 生活の中でイメージを豊かにし、様々な表現を楽しむ。

(保育の展開と子どもの育ち)

- 音楽やダンスが好きで、リズムに合わせて明るく伸び伸びと体を動かすことを楽しむ。生活発表会では、人前で歌う活動にも積極的に参加しようとする姿があった。 ❶

- 人の役に立つことを喜ぶ。生活や遊びの中で、<mark>他児が困っていたら率先して手助けをしたり、保育士の手伝いもすすんで行うなど、面倒見がよく、周りの様子をよく見て行動する。</mark> ❷

- ままごとが好きで、「私がお母さんね」など他児と相談して役割を決め、遊びを展開している。また、赤ちゃんの人形を丁寧に扱い、着替えをさせるなど、生活の中で経験したことを盛り込みながら、ごっこ遊びを楽しんでいる。 ❸

- 自分の思う通りにいかない時も、保育士に思いを伝え、話を聞くことで、自分なりに考え、落ち着くようになっている。 ❺

(特に配慮すべき事項)
特記事項なし。

❹ 幼児期の終わりまでに育ってほしい姿
※各項目の内容等については、別紙に示す「幼児期の終わりまでに育ってほしい姿について」を参照すること。

| 健康な心と体 |
| 自立心 |
| 協同性 |
| 道徳性・規範意識の芽生え |
| 社会生活との関わり |
| 思考力の芽生え |
| 自然との関わり・生命尊重 |
| 数量や図形、標識や文字などへの関心・感覚 |
| 言葉による伝え合い |
| 豊かな感性と表現 |

Aちゃんの保育記録より

●Aちゃんってこんな子
すすんで保育士の手伝いをしたり、困っている他児の世話をしたりするAちゃん。友達の世話に夢中になって、自分のことを後回しにしてしまい、活動が遅れてしまう場面が度々みられた。

▼

●保育士の関わり
他児の様子によく気付く思いやりがある姿を肯定的に捉えつつ、自分のことに目が向くよう声かけを行い、自分のことができてから手伝うことを伝えていった。

▼

ここからの育ちを中心に
プラスの視点で書こう！

Point 1
「10の姿」の視点で育ちを伝える
体を動かすことを楽しむ様子や得意な音楽をきっかけに主体的に取り組む姿からは、「健康な心と体」「豊かな感性と表現」などに関連する育ちが読み取れます。

Point 2
肯定的に伝える
「自分の準備が終わっていないのに」と否定的に捉えず、周りの様子をよく見て、必要な行動ができるようになっている姿を育ちとして伝えます。

Point 3
発言や会話も加える
発言や会話などを書き加えると、場面が具体的になり、子どもの育ちが伝わりやすくなります。

Point 4
「言葉による伝え合い」などの育ち
生活の中で経験したことを盛り込みながら、友達と話し合って遊びをすすめる姿からは、「社会生活との関わり」「言葉による伝え合い」などに関連する育ちが読み取れます。

Point 5
マイナス面だけを書かない
「思い通りにいかない」など葛藤する姿を記す場合は、育ち（この場合は、思いを伝え、考えるようになっている姿）も合わせて記載しましょう。

記入例 2

勝ち気で負けず嫌いな子

➕（プラス）の視点で ➡ 何事にも積極的に取り組む子

ふりがな	○○○○ ○○○○	保育の過程と子どもの育ちに関する事項	最終年度に至るまでの育ちに関する事項
氏名	○○ B太	**（最終年度の重点）** 様々な経験を通して人を思いやる気持ちをもち、ともに協力しながら達成する充実感を味わう。	8か月で入園、6年間在籍した。0歳では周りにある玩具に興味を示してよく遊び、はいはいや伝い歩きでよく動いていた。1歳では、言葉と動作のつながりをよく理解し、保育士が「お散歩行こう」と言うと自分の帽子を取りに行き、かぶっていた。2歳では、遊びへの意欲が旺盛で見立て遊び、ごっこ遊びを楽しんだ。3歳では、人に勝ちたい気持ちが強く、ゲームなどで負けると泣いてしまう姿があった。4歳では、玩具がないと泣く他児に対して優しく話しかけるなど、思いやりのある行動をするようになった。
生年月日	○年○月○日		
性別	男	**（個人の重点）** 相手の気持ちに触れ、協調性や思いやりの気持ちを知る。	

ねらい（発達を捉える視点）

健康
- 明るく伸び伸びと行動し、充実感を味わう。
- 自分の体を十分に動かし、進んで運動しようとする。
- 健康、安全な生活に必要な習慣や態度を身に付け、見通しをもって行動する。

人間関係
- 保育所の生活を楽しみ、自分の力で行動することの充実感を味わう。
- 身近な人と親しみ、関わりを深め、工夫したり、協力したりして一緒に活動する楽しさを味わい、愛情や信頼感をもつ。
- 社会生活における望ましい習慣や態度を身に付ける。

環境
- 身近な環境に親しみ、自然と触れ合う中で様々な事象に興味や関心をもつ。
- 身近な環境に自分から関わり、発見を楽しんだり、考えたりし、それを生活に取り入れようとする。
- 身近な事象を見たり、考えたり、扱ったりする中で、物の性質や数量、文字などに対する感覚を豊かにする。

言葉
- 自分の気持ちを言葉で表現する楽しさを味わう。
- 人の言葉や話などをよく聞き、自分の経験したことや考えたことを話し、伝え合う喜びを味わう。
- 日常生活に必要な言葉が分かるようになるとともに、絵本や物語などに親しみ、言葉に対する感覚を豊かにし、保育士等や友達と心を通わせる。

表現
- いろいろなものの美しさなどに対する豊かな感性をもつ。
- 感じたことや考えたことを自分なりに表現して楽しむ。
- 生活の中でイメージを豊かにし、様々な表現を楽しむ。

（保育の展開と子どもの育ち）

- 体を動かすことが大好きで、色おにでは、いち早く色にタッチするため速く走ろうとするなど活発に遊ぶ姿があった。 ❶

- 正義感が強く、間違っていると思うことに対してしっかりと意見を言い、その上で他児と話し合いをして問題を解決しようとする。 ❷

- ルールがある遊びでは、人に勝ちたいという気持ちをもち、作戦を立てたり工夫したりする積極的な姿がみられる。失敗しても何度でも挑戦し、努力してやり遂げる。 ❸

- 整理整頓の取り組みに時間がかかっていたが、保育士がしまう場所やたたみ方など、整理の仕方を具体的に伝えると、本児も自発的に行うようになっていった。 ❹

- 製作遊びは消極的だったが、保育士が技法ややり方を丁寧に伝えたことで、本児は粘り強く最後まで作ろうとするようになった。

（特に配慮すべき事項）
特記事項なし。

幼児期の終わりまでに育ってほしい姿
※各項目の内容等については、別紙に示す「幼児期の終わりまでに育ってほしい姿について」を参照すること。

健康な心と体
自立心
協同性
道徳性・規範意識の芽生え
社会生活との関わり
思考力の芽生え
自然との関わり・生命尊重
数量や図形、標識や文字などへの関心・感覚
言葉による伝え合い
豊かな感性と表現

Point 1
具体的な遊びを書く

体を動かすことが好きな点だけではなく、本児が好きな遊びを加えると、描写が生き生きとし、読み手がイメージしやすくなります。

Point 2
考えを言葉で伝えている

自分の思いを一方的に伝えるだけでなく、冷静に話し合おうとする姿からは、「言葉による伝え合い」「協同性」などに関連する育ちがみられます。

Bくんの保育記録より

●Bくんってこんな子

正義感や人に勝ちたい気持ちが強いBくん。何事にも積極的に取り組み、友達とも活発に遊ぶが、納得がいかない時は、思いを一方的に訴えたり、失敗した友達を責めてトラブルになったりすることがあった。

▼

●保育士の関わり

積極的に取り組む姿を認め、関わった。友達とトラブルになった時には、保育者が仲立ちしてBくんの気持ちを代弁したり、相手の思いを聞いたりするなど、繰り返し援助した。

▼

ここからの育ちを中心に
プラスの視点で書こう！

Point 3
積極的で粘り強い姿

負けず嫌いな面が、工夫して何度でも挑戦する姿となり、「自立心」「思考力の芽生え」などに関連する育ちが表れていることを伝えています。

Point 4
本児に合った援助方法を伝える

苦手な整理整頓も、Bくんの前向きな姿勢と保育士の援助によって育ちにつながっています。「具体的に伝える」など本児に合った援助方法を書いておくと、小学校での指導に役立てることができます。

第3章　記入例　保育に関する記録

53

記入例 3

苦手なことに集中しにくい子

➕プラスの視点で ➡ 好きなことに集中して取り組む子

ふりがな	○○○○ ○○○○
氏名	○○ C介
生年月日	○年○月○日
性別	男

ねらい（発達を捉える視点）	
健康	明るく伸び伸びと行動し、充実感を味わう。
	自分の体を十分に動かし、進んで運動しようとする。
	健康、安全な生活に必要な習慣や態度を身に付け、見通しをもって行動する。
人間関係	保育所の生活を楽しみ、自分の力で行動することの充実感を味わう。
	身近な人と親しみ、関わりを深め、工夫したり、協力したりして一緒に活動する楽しさを味わい、愛情や信頼感をもつ。
	社会生活における望ましい習慣や態度を身に付ける。
環境	身近な環境に親しみ、自然と触れ合う中で様々な事象に興味や関心をもつ。
	身近な環境に自分から関わり、発見を楽しんだり、考えたりし、それを生活に取り入れようとする。
	身近な事象を見たり、考えたり、扱ったりする中で、物の性質や数量、文字などに対する感覚を豊かにする。
言葉	自分の気持ちを言葉で表現する楽しさを味わう。
	人の言葉や話などをよく聞き、自分の経験したことや考えたことを話し、伝え合う喜びを味わう。
	日常生活に必要な言葉が分かるようになるとともに、絵本や物語などに親しみ、言葉に対する感覚を豊かにし、保育士等や友達と心を通わせる。
表現	いろいろなものの美しさなどに対する豊かな感性をもつ。
	感じたことや考えたことを自分なりに表現して楽しむ。
	生活の中でイメージを豊かにし、様々な表現を楽しむ。

保育の過程と子どもの育ちに関する事項

（最終年度の重点）
友達と協力して考えを出し合い、認め合いながら主体的に活動する。

（個人の重点）
多様な活動を通して、やり遂げる達成感を味わう。

（保育の展開と子どもの育ち）

- 体を動かすことを好む。特にサッカーが好きで、集中してボールを蹴ることを楽しんでいる。

- 自分のやりたいことを優先し、他児とトラブルになることがあったが、保育士が思いを受け止め、繰り返し状況を説明するうち、本児は友達を思いやる言葉かけをするようになってきた。 ①

- 合唱などみんなで活動する場面で、室外や周りの様々なことに興味が移ることがあるが、保育士が導入として手遊びをしたり、座る場所を配慮し、個別に説明するなどすると、本児は最後までやり遂げようとするようになっていった。 ②

- 好きなサッカー選手など、興味があることを相手に伝わるよう自ら工夫して言葉を考えながら、友達や保育士に話している。 ③

- クレヨン画では、手を細かく動かすと隙間なく色が塗れることに気付き、丁寧に取り組む。また、大型ブロックを組み立てて乗り物を自分なりに再現して作るなど、製作を楽しんでいる。 ④

（特に配慮すべき事項）
特記事項なし。

最終年度に至るまでの育ちに関する事項

6か月で入園、6年間在籍した。
0歳では、入園後1か月経つ頃から特定の保育士のそばで落ち着いて遊べるようになった。1歳では、初めの2か月ほど不安定であったが、特定の保育士のそばでは安定していた。戸外遊びが好きで、だんごむしを見つけては「先生」と知らせる姿があった。2歳では、他児と関わることも増えてきた。基本的生活習慣が身に付き、言葉で促すだけでスムーズに行えていた。3歳では、遊びへの興味が広がり、他児の遊んでいる玩具にも興味を示す様子があった。4歳では、他児と遊びたい気持ちが芽生え、声をかけるようになった。

幼児期の終わりまでに育ってほしい姿

※各項目の内容等については、別紙に示す「幼児期の終わりまでに育ってほしい姿について」を参照すること。

健康な心と体
自立心
協同性
道徳性・規範意識の芽生え
社会生活との関わり
思考力の芽生え
自然との関わり・生命尊重
数量や図形、標識や文字などへの関心・感覚
言葉による伝え合い
豊かな感性と表現

Point 1
就学後も役立つ対応を記入

トラブルが起こったという事実だけではなく、状況を説明したという保育士の対応も加えて書くことで、就学後に役立てることができます。もちろん、そこからの育ちも忘れずに書くようにしましょう。

Point 2
プラスの視点で書くことを意識する

プラスの視点で前向きな表現を心がけましょう。「合唱では集中できない」などと書いてしまいがちですが、ここでは、苦手な活動も、配慮を行うことで取り組めるようになっているという書き方で、育ちを伝えています。

Point 3
子どもの興味があることを書き加える

サッカーが好きなことなど、本児の興味を書き加えると、就学後の関わりのヒントとなります。

Cくんの保育記録より

● Cくんってこんな子
Cくんは、大勢での活動を好まず、苦手なことに集中しにくい面がある。特に歌が苦手で、床に座り込んだり、その場にいられず保育室から出ていこうとしたりする姿があった。一方、興味があることは集中でき、好きなサッカーや製作遊びには積極的に取り組む。

▼

● 保育士の関わり
好きなことへの積極性を認めつつ、集中しにくい活動ではCくんの気持ちを受け止め、個別に対応した。苦手な歌では簡単な手遊びで導入したりしながら、楽しさを伝えた。

▼

ここからの育ちを中心に
プラスの視点で書こう！

Point 4
表現する姿からみられる育ちを伝える

製作に前向きに取り組み、描画や立体のブロックを楽しむ姿からは、「豊かな感性と表現」「数量や図形、標識や文字などへの関心・感覚」などに関連する育ちがみられます。

記入例 4

造形表現が得意な子

第3章_記入例　P056.xls

ふりがな	○○○○　○○○○	保育の過程と子どもの育ちに関する事項	最終年度に至るまでの育ちに関する事項
氏名	○○　D雄	（最終年度の重点） 身近な自然に触れ、好奇心や探究心をもって関心を深める。	6か月で入園、6年間在籍した。0歳では、あまり人見知りせず入園当初から興味のある玩具でよく遊び、保育士の呼びかけにも笑顔で答えた。1歳では、4月当初は新しい担任に対して不安そうな表情を向けるがすぐに慣れ、乳児食もよく食べた。2歳では、ままごと遊びを好み、人形のお世話をよくしていた。声は小さいが意思表示ができていた。3歳では、かけっこやゴム跳び等初めての遊びも楽しむ姿がみられた。4歳では、**製作に対する興味が芽生え、集中して丁寧に作る姿があった。**誰とでも仲よくすることができ、楽しそうに遊んでいた。
生年月日	○年○月○日	（個人の重点） 自己を表現する充実感を十分に味わう。自分の思いを言葉にして相手に伝える。	
性別	男		

ねらい（発達を捉える視点）

（保育の展開と子どもの育ち）

健康
- 明るく伸び伸びと行動し、充実感を味わう。
- 自分の体を十分に動かし、進んで運動しようとする。
- 健康、安全な生活に必要な習慣や態度を身に付け、見通しをもって行動する。

人間関係
- 保育所の生活を楽しみ、自分の力で行動することの充実感を味わう。
- 身近な人と親しみ、関わりを深め、工夫したり、協力したりして一緒に活動する楽しさを味わい、愛情や信頼感をもつ。
- 社会生活における望ましい習慣や態度を身に付ける。

環境
- 身近な環境に親しみ、自然と触れ合う中で様々な事象に興味や関心をもつ。
- 身近な環境に自分から関わり、発見を楽しんだり、考えたりし、それを生活に取り入れようとする。
- 身近な事象を見たり、考えたり、扱ったりする中で、物の性質や数量、文字などに対する感覚を豊かにする。

言葉
- 自分の気持ちを言葉で表現する楽しさを味わう。
- 人の言葉や話などをよく聞き、自分の経験したことや考えたことを話し、伝え合う喜びを味わう。
- 日常生活に必要な言葉が分かるようになるとともに、絵本や物語などに親しみ、言葉に対する感覚を豊かにし、保育士等や友達と心を通わせる。

表現
- いろいろなものの美しさなどに対する豊かな感性をもつ。
- 感じたことや考えたことを自分なりに表現して楽しむ。
- 生活の中でイメージを豊かにし、様々な表現を楽しむ。

- 相手の気持ちを考えて行動するので、誰とでも笑顔で仲よく遊び、他児の話をよく聞いている。❶

- 太陽の光が水に反射する様子に気付き、コップの水に手を入れたり、水を高い所から落としたりして観察するなど、不思議に思ったことを試したり発見したりして楽しんでいる。❷

- 時計の針を意識して、片付けの時間になると、自発的に自分が使っていた物を片付けるようになっている。❹

- 自由遊びの時間には、製作のコーナーにいることが多く、集中して遊んでいる。買い物など日常の中で経験したことや、花や虫など遊びの中で見つけた物を、廃材を組み合わせるなど自分なりの表現で丁寧に造形することを楽しむ姿がみられる。❺

- 生活発表会の劇遊びの練習では、人前に出ることに不安そうな表情を浮かべたが、友達に励まされ、一緒に行うことで、前向きに取り組む姿がみられた。

（特に配慮すべき事項）
特記事項なし。

幼児期の終わりまでに育ってほしい姿
※各項目の内容等については、別紙に示す「幼児期の終わりまでに育ってほしい姿について」を参照すること。

健康な心と体
自立心
協同性
道徳性・規範意識の芽生え
社会生活との関わり
思考力の芽生え
自然との関わり・生命尊重
数量や図形、標識や文字などへの関心・感覚
言葉による伝え合い
豊かな感性と表現

Dくんの保育記録より

●Dくんってこんな子

Dくんは製作遊びが好きで、様々な素材や画材を使い、集中して自分なりの表現に取り組む姿がみられた。口数が少なく、友達との関わりは受け身だが、優しいので友達からも人気。人前に出ることを少し苦手としていた。

▼

●保育士の関わり

本児の表現が得意な姿を認め、製作コーナーを設定するなど、造形表現を思い切りできる環境を整えながら、友達と関わって遊ぶ機会も増やしていった。

▼

ここからの育ちを中心に
プラスの視点で書こう！

第3章 記入例 保育に関する記録

Point 1
友達との関係性を書く

「相手の気持ちを考えて行動する」など、他児から好かれる理由を加えることで、本児の姿がわかりやすくなっています。

Point 2
夢中になる様子から10の姿を読み取る

水の不思議さに夢中になる姿は、まさに科学する目の表れ。「思考力の芽生え」「自然との関わり・生命尊重」などに関連する育ちがうかがえます。

Point 3
遊びの中でみられる育ちを具体的に書く

製作に興味をもち、楽しむ中で、集中する力が育っていることが記されています。遊びを通してどのような発達がみられたかが、読み手に伝わる書き方です。

Point 4
生活の場面からも育ちが見える

時間になったら自発的に片付けられるのは、時計の針(＝時間)を理解しているからです。「数量や図形、標識や文字などへの関心・感覚」などに関連する育ちがみられます。生活の中からも育ちを読み取り、しっかりと伝えましょう。

Point 5
遊びの中で何に興味をもっているかを書く

子どもが大好きな活動は、夢中になっている姿とともに、どういったことを楽しんでいるのかを具体的に書き加えると、本児の育ちを読み手がイメージしやすくなります。

記入例 5

消極的で受け身な子

➕プラスの視点で ➡ 友達を大切にする子

ふりがな	○○○○ ○○○○	保育の過程と子どもの育ちに関する事項	最終年度に至るまでの育ちに関する事項
氏名	○○ E美	(最終年度の重点) 経験したり考えたりしたことを、友達や保育士と言葉で伝え合う。	1歳で入園、5年間在籍した。 1歳では、周りの様子を見てから行動する慎重な姿がみられた。2歳進級当初は、新しい担任に対して不安そうに距離をとっていたが、すぐに慣れていった。3歳の頃より、自分から友達との関係をもとうとする姿がみられた。また、折り紙やパズルなど、室内で落ち着いて楽しむ遊びを好んだ。4歳では、友達関係も良好で、**おもちゃの取り合いになると、相手の思いを受け入れて折り合いをつける姿がみられた。** ❶
生年月日	○年○月○日		
性別	女	(個人の重点) 自分の思いや考えを出しながら友達と関わる。何事にも興味をもち積極的に行動する。	

ねらい（発達を捉える視点）

健康
- 明るく伸び伸びと行動し、充実感を味わう。
- 自分の体を十分に動かし、進んで運動しようとする。
- 健康、安全な生活に必要な習慣や態度を身に付け、見通しをもって行動する。

人間関係
- 保育所の生活を楽しみ、自分の力で行動することの充実感を味わう。
- 身近な人と親しみ、関わりを深め、工夫したり、協力したりして一緒に活動する楽しさを味わい、愛情や信頼感をもつ。
- 社会生活における望ましい習慣や態度を身に付ける。

環境
- 身近な環境に親しみ、自然と触れ合う中で様々な事象に興味や関心をもつ。
- 身近な環境に自分から関わり、発見を楽しんだり、考えたりし、それを生活に取り入れようとする。
- 身近な事象を見たり、考えたり、扱ったりする中で、物の性質や数量、文字などに対する感覚を豊かにする。

言葉
- 自分の気持ちを言葉で表現する楽しさを味わう。
- 人の言葉や話などをよく聞き、自分の経験したことや考えたことを話し、伝え合う喜びを味わう。
- 日常生活に必要な言葉が分かるようになるとともに、絵本や物語などに親しみ、言葉に対する感覚を豊かにし、保育士等や友達と心を通わせる。

表現
- いろいろなものの美しさなどに対する豊かな感性をもつ。
- 感じたことや考えたことを自分なりに表現して楽しむ。
- 生活の中でイメージを豊かにし、様々な表現を楽しむ。

(保育の展開と子どもの育ち)

- 竹馬遊びでは、友達の様子を慎重に観察し、保育士の誘いで挑戦して乗れるようになるなど、自信をもって遊ぶようになっている。 ❷

- 水が冷たくても手洗いうがいをしっかりする、脱いだ服を端を合わせてたたむなど、基本的生活習慣に関わる活動を几帳面に行っている。

- 友達の思いをよく聞いて受け入れたり、泣いている友達のそばに行ったりと友達を大切にするので、特定の友達だけでなく誰とでも遊ぶ姿がみられる。

- 花壇の花に興味をもち、水をあげて生長を見守ったり、図鑑を見て名前を覚えたりしている。 ❸

- しりとりやなぞなぞが好きで、知っている言葉や知識を盛り込んで、友達や保育士とのやり取りを楽しみながら遊んでいる。 ❹

- ビーズ遊びでは、ビーズの中から好きな色を選び取り、組み合わせを何度も変えて試すなど、自分のペースで集中して取り組み、豊かな表現を楽しんでいる。 ❺

(特に配慮すべき事項)
特記事項なし。

幼児期の終わりまでに育ってほしい姿
※各項目の内容等については、別紙に示す「幼児期の終わりまでに育ってほしい姿について」を参照すること。

健康な心と体
自立心
協同性
道徳性・規範意識の芽生え
社会生活との関わり
思考力の芽生え
自然との関わり・生命尊重
数量や図形、標識や文字などへの関心・感覚
言葉による伝え合い
豊かな感性と表現

Eちゃんの保育記録より

● Eちゃんってこんな子

Eちゃんは、自分から行動することが少なく、慣れないことは友達がやっているのを見てから取り組むなど、積極性に欠ける面がみられた。自分から友達を誘うことは少ないが、相手を受け入れ、思いやりのある行動をとるので、他児から慕われている。

● 保育士の関わり

自分の思いを出したり、挑戦してうまくいったりする経験を重ねられるようにし、その姿を言葉に出して認めることで、本児が自信をもって活動に取り組めるように配慮した。

ここからの育ちを中心に
プラスの視点で書こう！

Point 1
最終年度の育ちにつながる姿も書く

他児におもちゃを取られてしまい、積極性に欠けると捉えがちな場面ですが、「折り合いをつける」と表現することで、友達を思いやる様子を伝えています。最終年度の育ちにつながる姿です。

Point 2
課題をプラスの視点で伝える

一見消極的な姿も、「周りの様子を観察してから行動する慎重さが育っている」と捉え、自分なりに観察して挑戦し、やり遂げたことと合わせて記入することで、本児のよい面として伝えることができます。

Point 3
「自然との関わり・生命尊重」に関連する育ち

身近な花に興味をもち、水をあげたり、図鑑の文字を読んで調べたりすることからは、「自然との関わり・生命尊重」「数量や図形、標識や文字などへの関心・感覚」などに関連する育ちが読み取れます。

Point 4
言葉を聞く力と話す力の育ち

しりとりやなぞなぞなど、言葉を聞いて理解し、想像をふくらませ、また言葉に出して返していく遊びを楽しむ姿からは、「言葉による伝え合い」「思考力の芽生え」などに関連する育ちがみられます。

Point 5
積極性を出す場面も記入

消極的な姿が多い本児も、好きな活動には前向きに取り組み、豊かな感性で伸び伸びと表現をするようになっている姿を伝えています。

記入例 6

外国がルーツの子

ふりがな	○○○○ ○○○○	保育の過程と子どもの育ちに関する事項	最終年度に至るまでの育ちに関する事項
氏名	○○ F○	(最終年度の重点) 友達と関わる中で、それぞれの違いを認め、気持ちを理解する。	2歳で入園、4年間在籍した。 2歳では、来日したばかりだったこともあり、新しい生活文化に戸惑って、不安な様子で泣くことが多かったが、保育士と簡単な単語でコミュニケーションを図っていた。次第に笑顔を見せるようになり、少しずつ日本語が理解できるようになった。 3歳では、園生活になじみ、好きな友達ができたり初めての遠足を楽しんだりした。4歳では、日本語の理解が増し、他児と戸外遊びを楽しむなど、落ち着いて過ごしていた。
生年月日	○年○月○日		
性別	男	(個人の重点) 活動に主体的に取り組みながら自分の思いを安心して表す。	
ねらい（発達を捉える視点）		(保育の展開と子どもの育ち)	

	ねらい（発達を捉える視点）	
健康	明るく伸び伸びと行動し、充実感を味わう。	・ダンスが好きで、音楽に合わせて生き生きと踊るなど、明るく伸び伸びと体を動かして遊ぶことを楽しんでいる。 ❶
	自分の体を十分に動かし、進んで運動しようとする。	
	健康、安全な生活に必要な習慣や態度を身に付け、見通しをもって行動する。	
人間関係	保育所の生活を楽しみ、自分の力で行動することの充実感を味わう。	・他児と思いがぶつかりそうになった時は、相手の気持ちを尊重して折り合いをつける姿がみられる。気持ちを説明しきれない時は、保育士に代弁してもらいながら語彙を増やし、自分でも伝えようとする姿がみられた。 ❷
	身近な人と親しみ、関わりを深め、工夫したり、協力したりして一緒に活動する楽しさを味わい、愛情や信頼感をもつ。	
	社会生活における望ましい習慣や態度を身に付ける。	
環境	身近な環境に親しみ、自然と触れ合う中で様々な事象に興味や関心をもつ。	・散歩中、友達が遅れていると「行こう」と声をかけるなど、周りの状況をよく見て主体的に行動している。
	身近な環境に自分から関わり、発見を楽しんだり、考えたりし、それを生活に取り入れようとする。	
	身近な事象を見たり、考えたり、扱ったりする中で、物の性質や数量、文字などに対する感覚を豊かにする。	・給食で慣れない料理や食材がある時は、保育士に言葉で伝えることができる。あらかじめ説明されると安心し、興味をもって食べている。 ❸
言葉	自分の気持ちを言葉で表現する楽しさを味わう。	
	人の言葉や話などをよく聞き、自分の経験したことや考えたことを話し、伝え合う喜びを味わう。	・製作遊びに興味をもち、他児と教え合いながら取り組む。自画像を描く活動では、顔立ちなどをよく観察し合って、意欲的に表現する姿があった。 ❹
	日常生活に必要な言葉が分かるようになるとともに、絵本や物語などに親しみ、言葉に対する感覚を豊かにし、保育士等や友達と心を通わせる。	
表現	いろいろなものの美しさなどに対する豊かな感性をもつ。	
	感じたことや考えたことを自分なりに表現して楽しむ。	
	生活の中でイメージを豊かにし、様々な表現を楽しむ。	(特に配慮すべき事項) 除去食あり。

幼児期の終わりまでに育ってほしい姿

※各項目の内容等については、別紙に示す「幼児期の終わりまでに育ってほしい姿について」を参照すること。

健康な心と体
自立心
協同性
道徳性・規範意識の芽生え
社会生活との関わり
思考力の芽生え
自然との関わり・生命尊重
数量や図形、標識や文字などへの関心・感覚
言葉による伝え合い
豊かな感性と表現

Point 1
ダンスを楽しむ姿も育ちとして伝える

音楽に合わせて自分なりにダンスを楽しむ姿からは、「健康な心と体」「豊かな感性と表現」などに関連する育ちがみられます。

Point 2
就学後も役立つ配慮を盛り込む

相手の思いを考えられるという育ちの姿と合わせ、日本語で表現しきれない気持ちを代弁するという、就学後も大切な配慮を合わせて記しています。

Point 3
配慮と育ちをセットで記入

食に関して本児が安心できる配慮を、育ちとともに伝えています。食べられない物を自覚し、口にしないよう注意を払ったり、必要なことを伝えたりする姿からは「自立心」「言葉による伝え合い」などに関連する育ちが読み取れます。

Fくんの保育記録より

● Fくんってこんな子

両親が外国人のFくんは、園生活で日本語を覚え、日常生活には支障がないようになっているが、語彙が少ない面もある。信仰上、豚肉を一切食べさせないよう保護者から申し出があったほか、食習慣の違いから給食が口に合わないことがあるなど、様々な文化の違いがあった。

▼

● 保育士の関わり

本児が日本語で思いを表現しきれない時は、保育士が気持ちを聞きながら代弁した。また、信仰上食べられない物が入っていないか本人が不安にならないよう、食べる前に説明を行うなどの配慮を行った。

▼

ここからの育ちを中心に
プラスの視点で書こう！

第3章 記入例 保育に関する記録

Point 4
園生活に適応している姿を伝える

園生活に適応し、他児と良好な関係を築いている姿を、育ちがみられる活動と合わせて書いています。

記入例 7

→ 📁 第3章_記入例 → 📄 P062.xls

元気だが押しが強い子

➕ プラス の視点で ➡ 明るく快活で積極的な子

ふりがな	○○○○ ○○○○	保育の過程と子どもの育ちに関する事項	最終年度に至るまでの育ちに関する事項
氏名	○○ G奈	（最終年度の重点） 集団に主体的に関わる中で、充実感とともに思いやりや人とのつながりを意識するようになる。	9か月で入園、6年間在籍した。0歳では、人との関わりを喜び、機嫌がよい日が多く情緒が安定していた。1歳では、生活の流れがわかり、落ち着いて遊んでいた。2歳では、しっかりと歩けるようになり、戸外遊びでかけっこを楽しんでいた。簡単なゲームを好み、勝つととても喜ぶ姿があった。3歳では、話が盛んで明るく、友達との関わりも増えた。着替えなどの途中で注意がそれてしまっても、保育士に声をかけられると最後まで行っていた。4歳では、目の前のことに興味を示し、何事にも関わろうとする意欲がみられた。他児の行動をよく見る姿もあった。
生年月日	○年○月○日		
性別	女	（個人の重点） 人との交流を通して相手の気持ちに気付き、自分の行動を調整する。	
ねらい（発達を捉える視点）		（保育の展開と子どもの育ち）	
健康	明るく伸び伸びと行動し、充実感を味わう。	・友達や保育士、地域の人など、誰に対しても元気に挨拶し、明るい態度で接する。 ❶	
	自分の体を十分に動かし、進んで運動しようとする。		
	健康、安全な生活に必要な習慣や態度を身に付け、見通しをもって行動する。	・保育士の話を聞き逃した時は、自分からどうすればよいか聞きにくるなど、状況をみて必要な行動をとっている。 ❷	
人間関係	保育所の生活を楽しみ、自分の力で行動することの充実感を味わう。		
	身近な人と親しみ、関わりを深め、工夫したり、協力したりして一緒に活動する楽しさを味わい、愛情や信頼感をもつ。	・自分が話すだけでなく、相手の思いも聞く姿が増え、人との関わりを広げている。他児がおもしろそうな遊びをしているなど、興味のあることに関しては特に積極的に関わっていこうとする。 ❸	
	社会生活における望ましい習慣や態度を身に付ける。		
環境	身近な環境に親しみ、自然と触れ合う中で様々な事象に興味や関心をもつ。		
	身近な環境に自分から関わり、発見を楽しんだり、考えたりし、それを生活に取り入れようとする。	・歌を歌うことを好む。好きな歌手になりきれるように考えて工夫し、ごっこ遊び用のプリンセスの衣装を着るなど、生き生きと楽しんでいる。 ❹	
	身近な事象を見たり、考えたり、扱ったりする中で、物の性質や数量、文字などに対する感覚を豊かにする。		**幼児期の終わりまでに育ってほしい姿** ※各項目の内容等については、別紙に示す「幼児期の終わりまでに育ってほしい姿について」を参照すること。
言葉	自分の気持ちを言葉で表現する楽しさを味わう。	・作品展では、段ボール箱の形を生かして組み合わせ、大きな電車を作るなど、思いついたアイデアを他児に伝えながら、協力して自由に表現する姿がある。	健康な心と体
	人の言葉や話などをよく聞き、自分の経験したことや考えたことを話し、伝え合う喜びを味わう。		自立心
			協同性
	日常生活に必要な言葉が分かるようになるとともに、絵本や物語などに親しみ、言葉に対する感覚を豊かにし、保育士等や友達と心を通わせる。		道徳性・規範意識の芽生え
			社会生活との関わり
表現	いろいろなものの美しさなどに対する豊かな感性をもつ。		思考力の芽生え
			自然との関わり・生命尊重
	感じたことや考えたことを自分なりに表現して楽しむ。		数量や図形、標識や文字などへの関心・感覚
			言葉による伝え合い
	生活の中でイメージを豊かにし、様々な表現を楽しむ。	（特に配慮すべき事項） 特記事項なし。	豊かな感性と表現

62

Point 1
挨拶する相手を具体的に

話しかける相手を書き加えることで、子どもにも大人にも積極的に関わっている、本児の育ちが浮かび上がります。ここでは、地域の人が含まれていることから「社会生活との関わり」などに関連する育ちも伝えています。

Point 2
自主性が育っている

話を聞き逃したことだけに焦点を当てずに、そのことに対して本児がどう対処しているかも記入し、考える力や自主性が育っていることも合わせて伝えています。

Point 3
友達との関わり方も知らせる

友達との関わり方を記すことで、他児と互いに話したり聞いたりして遊びを展開するようになったという、本児の育ちの姿を伝えています。

Gちゃんの保育記録より

●Gちゃんってこんな子
コミュニケーションが得意なGちゃん。何事にも積極的に取り組み、園生活を楽しんでいる。時折、話したい気持ちが抑えられず、保育士の説明や友達の話をさえぎって話しはじめる姿がみられた。

▼

●保育士の関わり
「最後まで聞こうね」と相手の話が終わるまで待つよう促したり、説明を短く、わかりやすくするよう工夫したりした。また、本児が話を聞いてもらう機会を設け、満足できるようにした。

ここからの育ちを中心に
プラスの視点で書こう！

第3章 記入例 保育に関する記録

Point 4
自分なりに表現している姿を伝える

好きな歌手により近付くにはどうしたらよいかを考え、自分なりの答えを出している姿からは、「思考力の芽生え」「豊かな感性と表現」などに関連する育ちがみられます。

記入例 8

友達とのコミュニケーションが苦手な子

➕プラスの視点で ➡ 大人とのやりとりを楽しむ子

ふりがな	○○○○ ○○○○	保育の過程と子どもの育ちに関する事項	最終年度に至るまでの育ちに関する事項
氏名	○○ H香	（最終年度の重点） 友達への関心や関わりを深め、話し合いながら共通の目的をもって活動する。	2歳児で入園、4年間在籍した。2歳で入園当初は、保育士が寂しい思いを共感し、優しく応答することで、本児は遊びはじめるようになった。以降は安定して保育園生活を送ることができている。3歳では、言葉が活発になり、身の回りのことや家族の姿をうれしそうに他児へ知らせる姿があった。4歳では、お盆やクリスマスなど季節の家族行事で経験したことやうれしかった気持ちを、保育士に伝える姿があった。
生年月日	○年○月○日		
性別	女	（個人の重点） ゲーム遊びなどを通して友達と関わり、協力し合って遊びを楽しむ。	

ねらい（発達を捉える視点）

領域	ねらい
健康	明るく伸び伸びと行動し、充実感を味わう。
	自分の体を十分に動かし、進んで運動しようとする。
	健康、安全な生活に必要な習慣や態度を身に付け、見通しをもって行動する。
人間関係	保育所の生活を楽しみ、自分の力で行動することの充実感を味わう。
	身近な人と親しみ、関わりを深め、工夫したり、協力したりして一緒に活動する楽しさを味わい、愛情や信頼感をもつ。
	社会生活における望ましい習慣や態度を身に付ける。
環境	身近な環境に親しみ、自然と触れ合う中で様々な事象に興味や関心をもつ。
	身近な環境に自分から関わり、発見を楽しんだり、考えたりし、それを生活に取り入れようとする。
	身近な事象を見たり、考えたり、扱ったりする中で、物の性質や数量、文字などに対する感覚を豊かにする。
言葉	自分の気持ちを言葉で表現する楽しさを味わう。
	人の言葉や話などをよく聞き、自分の経験したことや考えたことを話し、伝え合う喜びを味わう。
	日常生活に必要な言葉が分かるようになるとともに、絵本や物語などに親しみ、言葉に対する感覚を豊かにし、保育士等や友達と心を通わせる。
表現	いろいろなものの美しさなどに対する豊かな感性をもつ。
	感じたことや考えたことを自分なりに表現して楽しむ。
	生活の中でイメージを豊かにし、様々な表現を楽しむ。

（保育の展開と子どもの育ち）

- ❶ 迎えに来たクラス内の他の保護者や、郵便配達の人などに会うと、親しみをもって声をかけたり、スキンシップを図ろうとしたりする姿がある。

- ❷ 次の活動を理解できると、気持ちを切り換えて、遊んだ物を自ら片付ける。保育士に認められると、ますます意欲を増し、友達の分も手伝おうとしている。

- ❸ 保育士の隣で遊んでいる時も、楽しそうな遊びをしている友達に興味をもつ姿がある。保育士が近くにいると、遊びの輪に入り、友達と声をかけ合いながらゲーム遊びを楽しむ姿がみられた。

- ❹ ブロック遊びを好み、友達と自分なりの組み立て方を伝え合いながら、一緒に動物や乗り物に見立てて遊ぶ様子がみられるようになっている。

（特に配慮すべき事項）
特記事項なし。

幼児期の終わりまでに育ってほしい姿
※各項目の内容等については、別紙に示す「幼児期の終わりまでに育ってほしい姿について」を参照すること。

健康な心と体
自立心
協同性
道徳性・規範意識の芽生え
社会生活との関わり
思考力の芽生え
自然との関わり・生命尊重
数量や図形、標識や文字などへの関心・感覚
言葉による伝え合い
豊かな感性と表現

Hちゃんの保育記録より

● Hちゃんってこんな子

祖父母など、周りの大人から大切に育てられているHちゃん。大人との関わりは得意だが、友達とのコミュニケーションは不得手であった。また、集団での取り組みが苦手で、集団遊びでは戸惑う姿がよくみられた。

● 保育士の関わり

同じ遊びが好きな友達と一緒に遊べるよう仲立ちをした。集団遊びでは、保育士が一緒に参加して本児が安心感をもてるようにしながら、本児や友達の思いを代弁して関係作りを行った。

ここからの育ちを中心に
プラスの視点で書こう！

第3章 記入例 保育に関する記録

Point 1
課題がある姿もプラスに捉える

本児は、子ども同士の関わりをもちにくいという課題がありますが、大人へは積極的に関わることができています。この点を長所として表すことで、「社会生活との関わり」などに関連する育ちを伝えています。

Point 2
必要な行動ができる

見通しをもち、次の活動に移るために行動できている姿を記すことで、「自立心」「道徳性・規範意識の芽生え」などに関連する育ちを伝えています。

Point 3
友達作りへの前向きな意欲

保育士と関わりながらも、友達に興味をもち、関係作りをしようと意欲が出てきた姿や、保育士が近くにいることで心強く感じ、友達とコミュニケーションをとりながら遊ぶことができるようになった姿を伝えています。

Point 4
好きな遊びから育ちを伝える

好きな遊びをきっかけに、友達との関わりが増えてきた様子を記しています。友達と工夫を伝え合いながら表現する姿からは、「言葉による伝え合い」「豊かな感性と表現」などに関連する育ちが読み取れます。

65

記入例 9 初めてのことを怖がり消極的な子

➕プラスの視点で ➡ 慎重に物事に取り組む子

ふりがな	○○○○ ○○○○	保育の過程と子どもの育ちに関する事項	最終年度に至るまでの育ちに関する事項
氏名	○○ |子	（最終年度の重点） 様々な体験を通して豊かに自己表現する喜びを味わい、自信や意欲につなげる。	3歳で入園、3年間在籍した。 3歳では、物静かで口数が少なかったが、クラスの友達に関心を寄せる姿もあり、徐々に自分から「お家ごっこして遊ぼう」と友達を誘うようになった。4歳では、縦割り保育の際に年上の子に世話をしてもらうことを喜び、はにかんだ笑顔を見せていた。
生年月日	○年○月○日		
性別	女	（個人の重点） 周りから共感されたり、認められたりする中で、主体的に活動する。	

ねらい（発達を捉える視点）

健康
- 明るく伸び伸びと行動し、充実感を味わう。
- 自分の体を十分に動かし、進んで運動しようとする。
- 健康、安全な生活に必要な習慣や態度を身に付け、見通しをもって行動する。

人間関係
- 保育所の生活を楽しみ、自分の力で行動することの充実感を味わう。
- 身近な人と親しみ、関わりを深め、工夫したり、協力したりして一緒に活動する楽しさを味わい、愛情や信頼感をもつ。
- 社会生活における望ましい習慣や態度を身に付ける。

環境
- 身近な環境に親しみ、自然と触れ合う中で様々な事象に興味や関心をもつ。
- 身近な環境に自分から関わり、発見を楽しんだり、考えたりし、それを生活に取り入れようとする。
- 身近な事象を見たり、考えたり、扱ったりする中で、物の性質や数量、文字などに対する感覚を豊かにする。

言葉
- 自分の気持ちを言葉で表現する楽しさを味わう。
- 人の言葉や話などをよく聞き、自分の経験したことや考えたことを話し、伝え合う喜びを味わう。
- 日常生活に必要な言葉が分かるようになるとともに、絵本や物語などに親しみ、言葉に対する感覚を豊かにし、保育士等や友達と心を通わせる。

表現
- いろいろなものの美しさなどに対する豊かな感性をもつ。
- 感じたことや考えたことを自分なりに表現して楽しむ。
- 生活の中でイメージを豊かにし、様々な表現を楽しむ。

（保育の展開と子どもの育ち）

- 身辺自立できている。靴をそろえたり、使ったサインペンをしまってから別の色を取り出したりするなど、身の回りの物を丁寧に扱い、見た目もきれいに整えようとしている。 ②

- 暑い日に当番活動を行う際、一人で草花に水やりをするなど、自分で考えて主体的に行動している。 ③

- 経験したことがない活動で、納得するまで友達の後ろから様子を見る慎重な姿がある。保育士が声をかけると前に出てきて、自分なりの気付きや意見を発言する。 ④

- 思いやりがあり、困っている友達がいたら「どうしたの」と声をかけ、優しく手助けするなど、面倒見がよい姿がある。

- 配慮を要する友達に対しても、相手の様子や周囲の状況を見て判断しながら、自然に手助けを行う。発表会でも舞台上で普段通りの自然なサポートをする姿があった。 ⑤

（特に配慮すべき事項）
除去食あり。

幼児期の終わりまでに育ってほしい姿
※各項目の内容等については、別紙に示す「幼児期の終わりまでに育ってほしい姿について」を参照すること。

健康な心と体
自立心
協同性
道徳性・規範意識の芽生え
社会生活との関わり
思考力の芽生え
自然との関わり・生命尊重
数量や図形、標識や文字などへの関心・感覚
言葉による伝え合い
豊かな感性と表現

Point 1
本児が大きく育った所を記入
入園から最終年度に至るまでの期間についても、本児が大きく成長した点を具体的に記します。この記入例では、口数が少なかった本児が、自分から友達を誘えるようになった姿を記しています。

Point 2
生活面の育ちも具体的に
「身辺自立できている」などの記述に加え、どんな姿からその育ちがみられるのかを具体的、客観的に書いています。

Point 3
「自立心」「道徳・規範意識の芽生え」が育っている
周りに流されず当番活動をやり遂げる姿からは、「自立心」「道徳性・規範意識の芽生え」などに関連する育ちが読み取れます。

Iちゃんの保育記録より

● Iちゃんってこんな子
周りをじっくり見てから行動するIちゃん。新しい経験には消極的だったが、保育士がそばにいて促したり見守ったりしていると、思ったことを話したり、行動したりすることができる。一つひとつの行動を丁寧に、マイペースで行う姿がみられた。

▼

● 保育士の関わり
本児の不安な気持ちに寄り添い、励ましたり、関わりを後押ししたりして自信をもてるようにし、初めてのことにも積極的に関わる勇気が出せるよう配慮した。

▼

ここからの育ちを中心に
プラスの視点で書こう！

Point 4
「消極的」ではなく「慎重さの育ち」と捉える
「自分からは行わず消極的」と捉えず、「納得するまで様子を見る慎重さが育っている」と考えましょう。また、保育士の声かけで自分なりの気付きを発言できる姿からは、慎重でありながらも、活動には主体的に参加している様子が読み手に伝わります。

Point 5
思いやりの育ちがわかるエピソード
本児の「思いやりがある」姿の具体例として、配慮を要する友達の手助けを自然に行ったことを記し、相手の様子など見て判断し、必要な行動を行えることを伝えています。

第3章 記入例 保育に関する記録

記入例 10

欠席が多く、他児を見ないと行動できない子

➕（プラス）の視点で ➡ 周りの状況を見て行動する子

ふりがな	○○○○ ○○○○	保育の過程と子どもの育ちに関する事項	最終年度に至るまでの育ちに関する事項
氏名	○○ J平	（最終年度の重点） 成功や失敗の体験を重ね、様々な活動に臆せず主体的に取り組む。	1歳で入園、5年間在籍した。 1歳では、わらべうた遊びを好み、保育士と触れ合って楽しんでいた。 2歳では、戸外遊びを楽しみ、小さな花などを見つけて保育士に知らせたりしていた。3歳では、進級時新しい環境を不安がる様子をみせたが、すぐに慣れた。また階段を片足ずつ降りる慎重な姿があった。4歳では、元気に登園し、クラスの友達と一緒に活発に外遊びを楽しんでいた。
生年月日	○年○月○日		
性別	男	（個人の重点） 共同での活動にも、自信をもって伸び伸びと取り組む。	

	ねらい （発達を捉える視点）	（保育の展開と子どもの育ち）	
健康	明るく伸び伸びと行動し、充実感を味わう。	・端を合わせて洋服をきれいにたたもうとしたり、道具箱の中を自分から整理しようとするなど、身の回りのことを一人で行うことができている。	
	自分の体を十分に動かし、進んで運動しようとする。		
	健康、安全な生活に必要な習慣や態度を身に付け、見通しをもって行動する。		
人間関係	保育所の生活を楽しみ、自分の力で行動することの充実感を味わう。	・物静かだが、感情的になることなく自分の思いを伝えたり、相手の気持ちを受け入れたりするので、本児が登園すると周りに友達が集まる。気の合う数名とよく遊んでいる。 ❶❷	
	身近な人と親しみ、関わりを深め、工夫したり、協力したりして一緒に活動する楽しさを味わい、愛情や信頼感をもつ。		
	社会生活における望ましい習慣や態度を身に付ける。		
環境	身近な環境に親しみ、自然と触れ合う中で様々な事象に興味や関心をもつ。	・集団での取り組みで、欠席等により活動内容がわからない時は、保育士の個別指導を聞くだけでなく、他児に尋ね、自分なりにやり遂げようとしている。 ❸	
	身近な環境に自分から関わり、発見を楽しんだり、考えたりし、それを生活に取り入れようとする。		
	身近な事象を見たり、考えたり、扱ったりする中で、物の性質や数量、文字などに対する感覚を豊かにする。		
言葉	自分の気持ちを言葉で表現する楽しさを味わう。	・保育士の顔を見て話をよく聞き、積極的に理解しようとする。染め紙製作では、好きな色を組み合わせて、にじませ方を工夫しながらランチョンマットを作るなど、多様な素材や表現を楽しんでいる。 ❹	
	人の言葉や話などをよく聞き、自分の経験したことや考えたことを話し、伝え合う喜びを味わう。		
	日常生活に必要な言葉が分かるようになるとともに、絵本や物語などに親しみ、言葉に対する感覚を豊かにし、保育士等や友達と心を通わせる。		
表現	いろいろなものの美しさなどに対する豊かな感性をもつ。		
	感じたことや考えたことを自分なりに表現して楽しむ。		
	生活の中でイメージを豊かにし、様々な表現を楽しむ。	（特に配慮すべき事項） 特記事項なし。	

幼児期の終わりまでに育ってほしい姿
※各項目の内容等については、別紙に示す「幼児期の終わりまでに育ってほしい姿について」を参照すること。

健康な心と体
自立心
協同性
道徳性・規範意識の芽生え
社会生活との関わり
思考力の芽生え
自然との関わり・生命尊重
数量や図形、標識や文字などへの関心・感覚
言葉による伝え合い
豊かな感性と表現

Jくんの保育記録より

● Jくんってこんな子

要支援家庭の子どもの事例。Jくんは家庭の事情で11時頃に登園するか欠席することが多く、活動にあまり参加できなかった。活動内容がわからないので、他児を見て行動していた。園にいる時間は少ないが、優しい性格で、良好な友達関係を築いている。

▼

● 保育士の関わり

他児と同時に登園できるように、家庭に毎日目覚ましの電話をしたほか、集団活動で他児と同じように取り組めるよう、保育士が個別に伝えるなどのサポートを行った。

▼

ここからの育ちを中心に
プラスの視点で書こう！

Point 1 子どもの育ちを伝えることを念頭に

本児のような要支援家庭の子どもに関しては、小学校に伝えたい配慮が多く、その点を書いてしまいがちです。しかし、この欄ではあくまでも園生活での子どもの育ちに焦点を当てて書くようにしましょう。就学後も有効な配慮については、育ちの姿と合わせて記入します。

Point 2 園生活に前向きに取り組む姿を伝える

自分の思いを言葉で伝えることができたり、相手の気持ちを受け入れたりといった、本児が育っている部分と合わせて、友達関係も記述することで、園で明るく楽しく、安定して生活している様子を伝えています。

Point 3 「わからない」ことに焦点を当てない

活動内容がわからないことに焦点を当ててしまいがちですが、ここでは、わからないことや課題を自覚し、周りの友達に聞けるようになっているという、本児の育ちを中心に書いています。「自立心」などの育ちがわかる姿です。

Point 4 活動への姿勢や、工夫する姿を記入

活動への前向きな姿勢と、考えたことが形になるよう工夫しながら自分なりの表現を楽しんでいる様子を、育ちとして記入しています。「思考力の芽生え」「豊かな感性と表現」などに関連する育ちがみえる記述の仕方です。

記入例 11

間違いや注意されることを嫌がる子

➕プラスの視点で ➡ 自分の考えをもっている子

ふりがな	○○○○　○○○○	保育の過程と子どもの育ちに関する事項	最終年度に至るまでの育ちに関する事項
氏名	○○　K輔	**(最終年度の重点)** 友達と一緒に活動する中で、お互いのよさを認め共同で達成できた喜びを味わう。	1歳で入園、5年間在籍した。 1歳では、入園当初から好奇心が旺盛で、室内外での散策活動が盛んであった。2歳では、好き嫌いなく食事を楽しみ、「おかわりちょうだい」と言葉に出して伝える姿がみられた。3歳では、電車の玩具を好み、レールを長くつなげて走らせる姿があった。4歳では、弟が入園したことを喜び、周りの保育士にも「○○ちゃんと一緒に保育園に来るよ」とうれしそうに伝えていた。
生年月日	○年○月○日		
性別	男	**(個人の重点)** 友達との共同活動を通して、協力し合う喜びと自覚をもつ。	

	ねらい (発達を捉える視点)	(保育の展開と子どもの育ち)
健康	明るく伸び伸びと行動し、充実感を味わう。	・身辺自立できており、着替えを置く位置や順番を工夫するなど、身支度や片付けなどは速く丁寧に行うことを意識して取り組んでいる。❶
	自分の体を十分に動かし、進んで運動しようとする。	
	健康、安全な生活に必要な習慣や態度を身に付け、見通しをもって行動する。	・縄跳びが得意で、回数を意識して目標をもって跳ぶなど、戸外でも活発に活動している。❷
人間関係	保育所の生活を楽しみ、自分の力で行動することの充実感を味わう。	
	身近な人と親しみ、関わりを深め、工夫したり、協力したりして一緒に活動する楽しさを味わい、愛情や信頼感をもつ。	・自分の考えをしっかりもち、指摘を受け入れることが難しい時もあったが、話し合いの機会や協力する経験を重ねて友達への思いを深める中で、他児の意見を取り入れたり、ペースを合わせたり、活動で遅れている友達に優しく教えたりする姿がみられるようになっている。❸
	社会生活における望ましい習慣や態度を身に付ける。	
環境	身近な環境に親しみ、自然と触れ合う中で様々な事象に興味や関心をもつ。	
	身近な環境に自分から関わり、発見を楽しんだり、考えたりし、それを生活に取り入れようとする。	・あやとりやパズルブロックなど、立体的な構造の遊びに興味をもち、上下左右、様々な角度から見て、指の動かし方や組み立て方を==工夫しながら何度も挑戦し、取り組む姿がある==。❹
	身近な事象を見たり、考えたり、扱ったりする中で、物の性質や数量、文字などに対する感覚を豊かにする。	
言葉	自分の気持ちを言葉で表現する楽しさを味わう。	・文字や数量に対しての関心が高く、絵本を友達に読んであげようとしたり、時計を見て活動したりする姿がみられる。
	人の言葉や話などをよく聞き、自分の経験したことや考えたことを話し、伝え合う喜びを味わう。	
	日常生活に必要な言葉が分かるようになるとともに、絵本や物語などに親しみ、言葉に対する感覚を豊かにし、保育士等や友達と心を通わせる。	
表現	いろいろなものの美しさなどに対する豊かな感性をもつ。	
	感じたことや考えたことを自分なりに表現して楽しむ。	**(特に配慮すべき事項)** 特記事項なし。
	生活の中でイメージを豊かにし、様々な表現を楽しむ。	

幼児期の終わりまでに育ってほしい姿
※各項目の内容等については、別紙に示す「幼児期の終わりまでに育ってほしい姿について」を参照すること。

- 健康な心と体
- 自立心
- 協同性
- 道徳性・規範意識の芽生え
- 社会生活との関わり
- 思考力の芽生え
- 自然との関わり・生命尊重
- 数量や図形、標識や文字などへの関心・感覚
- 言葉による伝え合い
- 豊かな感性と表現

Kくんの保育記録より

●Kくんってこんな子

教育熱心な家庭に育ち、他児より優れているという思いがあるKくん。理解が早い一方、間違いや注意されることを嫌がり、他児に厳しく指摘する、自分だけ先にすすんでしまうなどの姿があった。友達と離れて私立小学校への入学が決まり、寂しさを感じている。

▼

●保育士の関わり

本児が「人よりよくできる」と誇りに思う気持ちを尊重しながらも、友達の力を認めて協力して取り組んだり、他人の役に立つことの喜びを味わったりできるように、「協同性」の育ちを意識した活動を行った。

▼

ここからの育ちを中心に
プラスの視点で書こう！

Point 1
生活習慣は「どのように自立しているか」も書く

生活習慣では、「できる／できない」のみを書いてしまいがちですが、「どのように自立しているか」も伝えるとよいでしょう。ここでは、生活習慣が身に付いているだけではなく、衣類の置き方に留意するなど、考えながら取り組むようになっていることも記入しています。

Point 2
遊びの中に数の要素がある

活発に活動していることに加え、縄跳びが何回跳べたかなど、遊びの中で数も意識するようになっています。「健康な心と体」「数量や図形、標識や文字などへの関心・感覚」などに関連する育ちがみられます。

Point 3
友達を大切に思う気持ちが生まれている

友達と協力する経験を重ねたことに加え、卒園を控えて、友達への思いを深めています。これが他児をよく見ることにつながって、ペースを合わせたり、教えたりといった「協同性」などの育ちにつながっています。

Point 4
努力する姿も伝える

本児が、興味あることに何度も粘り強く挑戦する姿から「自立心」「思考力の芽生え」「数量や図形、標識や文字などへの関心・感覚」などの育ちが読み取れます。

記入例 12

活発だが強引な面がある子

➕(プラス)の視点で ➡ リーダーシップが発揮できる子

ふりがな	○○○○ ○○○○	保育の過程と子どもの育ちに関する事項	最終年度に至るまでの育ちに関する事項
氏名	○○ L花	(最終年度の重点) 友達を思いやり、相手の考えも認め、協力し合える気持ちを育てる。	3歳で途中入園、2年9か月間在籍した。 入園当初は、転居してきた環境の変化のためか、発熱での欠席が何度か続いた。また、以前住んでいた地方の方言を他の児童に珍しがられる場面もあった。4歳では、運動遊びなど体を動かす活動を通して、他児に認められる機会が増え、徐々に友達ともなじみ、自信がもてるようになっていった。❶
生年月日	○年○月○日		
性別	女	(個人の重点) 自分の思いを伝えながら友達の話も聞き、人間関係をよくしようとする態度がとれる。	

ねらい（発達を捉える視点）

健康
- 明るく伸び伸びと行動し、充実感を味わう。
- 自分の体を十分に動かし、進んで運動しようとする。
- 健康、安全な生活に必要な習慣や態度を身に付け、見通しをもって行動する。

人間関係
- 保育所の生活を楽しみ、自分の力で行動することの充実感を味わう。
- 身近な人と親しみ、関わりを深め、工夫したり、協力したりして一緒に活動する楽しさを味わい、愛情や信頼感をもつ。
- 社会生活における望ましい習慣や態度を身に付ける。

環境
- 身近な環境に親しみ、自然と触れ合う中で様々な事象に興味や関心をもつ。
- 身近な環境に自分から関わり、発見を楽しんだり、考えたりし、それを生活に取り入れようとする。
- 身近な事象を見たり、考えたり、扱ったりする中で、物の性質や数量、文字などに対する感覚を豊かにする。

言葉
- 自分の気持ちを言葉で表現する楽しさを味わう。
- 人の言葉や話などをよく聞き、自分の経験したことや考えたことを話し、伝え合う喜びを味わう。
- 日常生活に必要な言葉が分かるようになるとともに、絵本や物語などに親しみ、言葉に対する感覚を豊かにし、保育士等や友達と心を通わせる。

表現
- いろいろなものの美しさなどに対する豊かな感性をもつ。
- 感じたことや考えたことを自分なりに表現して楽しむ。
- 生活の中でイメージを豊かにし、様々な表現を楽しむ。

(保育の展開と子どもの育ち)

- 生活の見通しをもって行動し、自発的に身の回りのことをしようとしている。

- 友達同士で思いをぶつけ合うような場面では、保育士の言葉かけをよく理解し、気持ちを切り替えようとする姿がみられた。❷

- 友達を戸外遊びに誘い、自ら動きやルールの変更を提案して遊びを発展させるなど、リーダーシップを発揮している。外遊びが苦手な子も安心して参加できるルールにするなど、友達のことを考えた行動をするようになりつつある。❸

- 物の扱いについては、保育士の個別の声かけで意識するようになり、丁寧に持ち運んだり、しまったりできることが増えている。自分の物もみんなの物も大切にしようとする気持ちが育ってきている。❹

- 文字に興味を示し、友達をかるた遊びに誘って一緒に楽しむ。文字の形や音の違いに気付き、読み札と絵札をじっくり比べる姿がみられた。

(特に配慮すべき事項)
特記事項なし。

幼児期の終わりまでに育ってほしい姿
※各項目の内容等については、別紙に示す「幼児期の終わりまでに育ってほしい姿について」を参照すること。

健康な心と体
自立心
協同性
道徳性・規範意識の芽生え
社会生活との関わり
思考力の芽生え
自然との関わり・生命尊重
数量や図形、標識や文字などへの関心・感覚
言葉による伝え合い
豊かな感性と表現

Point 1
エピソードを端的に加える
前年度までの育ちで、特に伝えたい事柄を端的に記述しています。成長のプロセスを感じさせるエピソードを短くまとめて加えると、より伝わりやすくなります。

Point 2
葛藤は育ちと合わせて記述
友達との関わりの中で葛藤があったことだけを書くのでなく、そこから育った部分も合わせて記述しています。

Point 3
本児の特徴的な姿を具体的に書く
本児の特徴である、リーダーシップを発揮する姿を伝えています。戸外で友達と一緒に遊びを発展させながら楽しむ姿からは、「健康な心と体」「協同性」などに関連する、様々な育ちをみることができます。「リーダーシップを発揮する」と書くだけではなく、その場面も合わせて記述すると、読み手に伝わりやすくなります。

Lちゃんの保育記録より

● Lちゃんってこんな子
人と関わることが好きな本児は、誰とでも仲よくしようとしたり、運動遊びで活躍したりしたことで、他児に認められ、リーダーシップを発揮している。発言に影響力があるので、時折、自分の思いを強引に押し通してしまう姿がみられた。

▼

● 保育士の関わり
保育士は、本児を友達から頼りにされる存在として認めつつ、他児の意見も聞くよう、丁寧に働きかけた。本児が気付いた様子がみられた時は、保育士が大いにほめ、相手を思いやる気持ちが定着していくよう期待して、関わりを続けた。

▼

ここからの育ちを中心に
プラスの視点で書こう！

Point 4
今育っている部分を中心に書く
「持ち物の扱いが丁寧にできなかったが、できるようになった」など、できなかったことに焦点を当てて書いてしまいがちですが、今育ってきていることを中心に書くなど、過去の否定から入らずに記述するとよいでしょう。

第3章　記入例　保育に関する記録

記入例 13

→ 第3章_記入例 → P074.xls

異性の友達との遊びが多い子

➕（プラス）の視点で ➡ 誰とでも仲よく遊ぶ子

ふりがな	○○○○ ○○○○	保育の過程と子どもの育ちに関する事項	最終年度に至るまでの育ちに関する事項
氏名	○○ M也	（最終年度の重点） 友達の様々な考えに触れ、自分と異なる考えを受け入れながら一緒に活動する。	2歳で入園、4年間在籍した。 2歳では、園生活になかなか慣れず、気に入った保育士から離れない日が続いたが、慣れるにつれ、ぬいぐるみなどで遊びはじめるようになった。3歳では、人形遊びを好み、寝かせたりおんぶしたりしてお世話を楽しむ姿がみられた。4歳では、外遊びには消極的であるが、ホールで行うサーキット遊びは喜んで参加していた。常ににこやかに友達に接し、一緒に遊んでいた。
生年月日	○年○月○日		
性別	男	（個人の重点） 友達と心を通わせて遊び、共感したりやり遂げたりする中で充実感をもって生活する。	

ねらい（発達を捉える視点）

		保育の展開と子どもの育ち
健康	明るく伸び伸びと行動し、充実感を味わう。	・整理整頓は声をかけなくても主体的に行い、**自分の物も公共の物も丁寧に扱う。脱いだ服も、しわを伸ばしてきちんとたたもうとする。1日の生活を、見通しをもって送っている。** ❶
	自分の体を十分に動かし、進んで運動しようとする。	
	健康、安全な生活に必要な習慣や態度を身に付け、見通しをもって行動する。	
人間関係	保育所の生活を楽しみ、自分の力で行動することの充実感を味わう。	・静かに室内で遊ぶことを好む。気の合う友達と話し合って役割分担しながら、ままごと遊びなどを繰り返し行い、充実感を味わっている。
	身近な人と親しみ、関わりを深め、工夫したり、協力したりして一緒に活動する楽しさを味わい、愛情や信頼感をもつ。	
	社会生活における望ましい習慣や態度を身に付ける。	
環境	身近な環境に親しみ、自然と触れ合う中で様々な事象に興味や関心をもつ。	・家族を大切に思う気持ちをもっており、両親や2歳上の兄と遊んだり外出したりしたことを、保育士や友達に話す姿がある。 ❷
	身近な環境に自分から関わり、発見を楽しんだり、考えたりし、それを生活に取り入れようとする。	・木の葉の色が変わったことなど自然の変化によく気付き、身近な自然現象に対して、不思議に思ったことを保育士に質問したり、絵本や図鑑を見て調べたりしている。
	身近な事象を見たり、考えたり、扱ったりする中で、物の性質や数量、文字などに対する感覚を豊かにする。	
言葉	自分の気持ちを言葉で表現する楽しさを味わう。	・動物が好きで、**飼育当番が回ってきた時はうれしそうに声を上げ、ケージの掃除や水の取り替えなど、やり方を工夫して丁寧に行っている。** ❹
	人の言葉や話などをよく聞き、自分の経験したことや考えたことを話し、伝え合う喜びを味わう。	
	日常生活に必要な言葉が分かるようになるとともに、絵本や物語などに親しみ、言葉に対する感覚を豊かにし、保育士等や友達と心を通わせる。	
表現	いろいろなものの美しさなどに対する豊かな感性をもつ。	
	感じたことや考えたことを自分なりに表現して楽しむ。	
	生活の中でイメージを豊かにし、様々な表現を楽しむ。	（特に配慮すべき事項） 特記事項なし。

幼児期の終わりまでに育ってほしい姿

※各項目の内容等については、別紙に示す「幼児期の終わりまでに育ってほしい姿について」を参照すること。

健康な心と体 ❸
自立心
協同性
道徳性・規範意識の芽生え
社会生活との関わり
思考力の芽生え
自然との関わり・生命尊重
数量や図形、標識や文字などへの関心・感覚
言葉による伝え合い
豊かな感性と表現

Point 1
生活を丁寧に送っている姿を伝える

本児が1日の生活に見通しをもって、丁寧に、よりよくしようという思いで送っている姿を、具体的な行為を交えて記述しています。「健康な心と体」「自立心」などに関連する育ちがみられます。

Point 2
「言葉による伝え合い」の育ち

家族について、経験したことや自分の思いを言葉で表現できるようになっており、「言葉による伝え合い」などの育ちを伝えることができる姿です。

Point 3
好きなことに関連する育ちを記入する

自然を好み、動物を大切にする姿や、当番活動に前向きに取り組む姿からは、「自然との関わり・生命尊重」「自立心」などに関連する育ちが読み取れます。

Mくんの保育記録より

● Mくんってこんな子

Mくんは、女児と遊ぶ姿の方が多くみられる。4歳児の頃に本児の身ぶりや遊び方に違和感がある、と父親より相談があり、園からは「この年齢では、男女関係なく遊ぶことが大事で、Mくんは充実して遊んでいる」と伝えた。

▼

● 保育士の関わり

保護者の思いは受け止めつつも、本児の優しさや、常ににこやかで表情豊かに過ごしている姿を認め、ありのままの本児を受容して関わった。

ここからの育ちを中心に
プラスの視点で書こう！

第3章　記入例　保育に関する記録

Point 4
活動への取り組みを加えて伝わりやすく

自然や動物が好きという記述だけではなく、当番活動を加えたことで、本児の姿が具体的になり、読み手に伝わりやすくなっています。

75

記入例 14

食べるのに時間がかかる子
➕ プラス の視点で ➡ 前向きに食べようとする子

ふりがな	○○○○　○○○○	保育の過程と子どもの育ちに関する事項	最終年度に至るまでの育ちに関する事項
氏名	○○ N明	(最終年度の重点) 様々な体験を重ねて自分の行動に自信がもてるようになる。	4歳で入園、2年間在籍した。 4歳では、食べられる給食の量が少なめだったが、活動面や運動面に支障はみられなかった。年度後半になると、苦手だった野菜を食べられるようになるなど、本児なりに食べられる種類も量も増えてきた。集団遊びに喜んで参加したり、気の合った友達と塗り絵遊びを楽しんだりする姿がみられた。
生年月日	○年○月○日		
性別	男	(個人の重点) 1つひとつの活動を着実に行っていくことで、友達から認められ、自信と喜びを感じる。	

ねらい（発達を捉える視点）

健康
- 明るく伸び伸びと行動し、充実感を味わう。
- 自分の体を十分に動かし、進んで運動しようとする。
- 健康、安全な生活に必要な習慣や態度を身に付け、見通しをもって行動する。

人間関係
- 保育所の生活を楽しみ、自分の力で行動することの充実感を味わう。
- 身近な人と親しみ、関わりを深め、工夫したり、協力したりして一緒に活動する楽しさを味わい、愛情や信頼感をもつ。
- 社会生活における望ましい習慣や態度を身に付ける。

環境
- 身近な環境に親しみ、自然と触れ合う中で様々な事象に興味や関心をもつ。
- 身近な環境に自分から関わり、発見を楽しんだり、考えたりし、それを生活に取り入れようとする。
- 身近な事象を見たり、考えたり、扱ったりする中で、物の性質や数量、文字などに対する感覚を豊かにする。

言葉
- 自分の気持ちを言葉で表現する楽しさを味わう。
- 人の言葉や話などをよく聞き、自分の経験したことや考えたことを話し、伝え合う喜びを味わう。
- 日常生活に必要な言葉が分かるようになるとともに、絵本や物語などに親しみ、言葉に対する感覚を豊かにし、保育士等や友達と心を通わせる。

表現
- いろいろなものの美しさなどに対する豊かな感性をもつ。
- 感じたことや考えたことを自分なりに表現して楽しむ。
- 生活の中でイメージを豊かにし、様々な表現を楽しむ。

(保育の展開と子どもの育ち)

- ゆっくりではあるが身の回りのことは一人でやろうという意欲がある。保育士がそばで見守っていると、本児は安心して身支度を整えている。❶

- 食が細く、食事を終えるまでに時間がかかるが、最後まで残さず食べようとする前向きな姿がある。配膳時、自分が食べられる量を目で見て判断し、「減らしてほしい」などと思いを伝えるようになりつつある。❷

- 聞き役になることも多いが、他児との会話を楽しんでいる。保育士が「Nくんはどうしたいの」と聞いたり、目を合わせたりすることで、本児も自分の思いを話すようになってきた。❸

- 外遊びよりも室内遊びを好む。友達と一緒に生活で知ったことをごっこ遊びで表現したり、きれいな形になるよう意識しながら折り紙やあやとりをしたりと、友達と関わる遊びを楽しんでいる。❹

(特に配慮すべき事項)
除去食あり。

幼児期の終わりまでに育ってほしい姿
※各項目の内容等については、別紙に示す「幼児期の終わりまでに育ってほしい姿について」を参照すること。

健康な心と体
自立心
協同性
道徳性・規範意識の芽生え
社会生活との関わり
思考力の芽生え
自然との関わり・生命尊重
数量や図形、標識や文字などへの関心・感覚
言葉による伝え合い
豊かな感性と表現

Nくんの保育記録より

●Nくんってこんな子

Nくんは食が細く、あまり量を食べられない。残すことなく食べようとするが、食べきれなかったり、時間がかかったりして、生活に影響が出ていた。小柄なことを保護者が心配したが、活動には支障ない体格であることを保育士が伝えると、安心した様子があった。

↓

●保育士の関わり

前向きな姿勢を認め、食べ終えたいという本児の気持ちと、生活の流れとの折り合いがつくよう配慮した。配膳の際に食べられる量を一緒に考え、本児が自分から「減らしてほしい」と言うことや、どうしても食べきれない時は残してもよいことを伝えた。

↓

ここからの育ちを中心に
プラスの視点で書こう！

Point 1
一人でやろうとする意欲を伝える

時間はかかるものの、一人でやろうという意欲がある姿を書くことで、「自立心」などの育ちを伝えています。

Point 2
食事への前向きな姿勢を書く

食事の量やかかる時間に葛藤がありながらも、前向きに取り組んでいます。時間内にどれくらい食べられるかを自分なりに考える姿には「自立心」「数量や図形、標識や文字などへの関心・感覚」などに関連する育ちがみられます。

Point 3
友達の話を聞く姿も育ちとして捉える

自分の思いを伝えるだけではなく、友達の話を聞き、いろいろな思いや考えを知って楽しんでいる様子からは「言葉による伝え合い」などが育っていることが伝わります。

Point 4
遊びは具体的に書く

好きな遊びを具体的に書くことで、読み手がイメージしやすくなります。日常生活で知ったことを自分なりに表現したり、形を意識したりして友達と楽しむ姿からは「社会生活との関わり」「数量や図形、標識や文字などへの関心・感覚」などに関連する育ちが読み取れます。

記入例 15

体幹が弱く、姿勢が保ちづらい子

プラスの視点で → 姿勢の保ちづらさの中で前向きに活動する子

		保育の過程と子どもの育ちに関する事項	最終年度に至るまでの育ちに関する事項
ふりがな	○○○○ ○○○○	(最終年度の重点) 自分のやりたいことを諦めずに取り組み、達成感を味わい、自信をもつ。	0歳で入園、6年間在籍した。 0歳では、はいはいや歩行の開始はゆっくりであったが、人への興味、物への興味はしっかりもっていたので、座位などを支える補助をすることで積極的に遊んでいた。❶ 1歳になり、体を動かすことは好きなので、運動遊びにも積極的に取り組んでいた。2歳では保育士と手遊びをすることを楽しんだ。3歳にかけて、座位を保持するために椅子の高さを調節したり、滑らないようにシートを敷いたりしてサポートすると、食べこぼしなども減っていった。❶ 4歳になっても姿勢の保持の難しさはあるが、何事にも意欲的に取り組み、楽しむ姿があった。
氏名	○○ ○由		
生年月日	○年○月○日		
性別	女	(個人の重点) 友達と一緒にいろいろな遊びや活動に意欲的に取り組んで、充実感をもち、自信を深める。	
ねらい (発達を捉える視点)			
健康	明るく伸び伸びと行動し、充実感を味わう。	(保育の展開と子どもの育ち) ・姿勢を保つことに課題があるが、体を動かすことは好きである。保育士から椅子の高さや滑り止めシートなどで座位をサポートされることで、本児は座った時は安定して過ごすことができる。	
	自分の体を十分に動かし、進んで運動しようとする。		
	健康、安全な生活に必要な習慣や態度を身に付け、見通しをもって行動する。		
人間関係	保育所の生活を楽しみ、自分の力で行動することの充実感を味わう。	・保育士から「服の裾をズボンに入れようね」「鼻をかもうね」など具体的に声をかけられると自分で整えることができるなど、衣服の乱れや清潔さを意識するようになりつつある。❷	
	身近な人と親しみ、関わりを深め、工夫したり、協力したりして一緒に活動する楽しさを味わい、愛情や信頼感をもつ。		
	社会生活における望ましい習慣や態度を身に付ける。		
環境	身近な環境に親しみ、自然と触れ合う中で様々な事象に興味や関心をもつ。	・身近な自然への興味関心が強く、発見しては「きれい」などと喜び、言葉や描画で感性豊かに表現したり、保育士や友達に伝えたりしている。また、不思議に思ったことを図鑑で調べたり、友達と語り合ったりすることも好きである。❸	
	身近な環境に自分から関わり、発見を楽しんだり、考えたりし、それを生活に取り入れようとする。		**幼児期の終わりまでに育ってほしい姿** ※各項目の内容等については、別紙に示す「幼児期の終わりまでに育ってほしい姿について」を参照すること。
	身近な事象を見たり、考えたり、扱ったりする中で、物の性質や数量、文字などに対する感覚を豊かにする。		健康な心と体
言葉	自分の気持ちを言葉で表現する楽しさを味わう。	・一人で遊びをつくりだし、自分の世界で独創的に遊ぶ姿がある。製作やごっこ遊びなど、自分なりのイメージを膨らませて表現することが好きで、集中してじっくり取り組んでいる。❹	自立心
	人の言葉や話などをよく聞き、自分の経験したことや考えたことを話し、伝え合う喜びを味わう。		協同性
			道徳性・規範意識の芽生え
	日常生活に必要な言葉が分かるようになるとともに、絵本や物語などに親しみ、言葉に対する感覚を豊かにし、保育士等や友達と心を通わせる。		社会生活との関わり
			思考力の芽生え
表現	いろいろなものの美しさなどに対する豊かな感性をもつ。		自然との関わり・生命尊重
	感じたことや考えたことを自分なりに表現して楽しむ。		数量や図形、標識や文字などへの関心・感覚
	生活の中でイメージを豊かにし、様々な表現を楽しむ。	(特に配慮すべき事項) 除去食あり。❺	言葉による伝え合い
			豊かな感性と表現

78

○ちゃんの保育記録より

●○ちゃんってこんな子

○ちゃんは体幹が弱く、姿勢を保つことが難しいため、疲れやすい面があった。運動面では、姿勢の乱れなどはあるものの、体を動かすことには前向きで、屋外での遊びを楽しんでいた。朝は眠そうにしているが、園は好きなので楽しそうに登園する姿があった。

●保育士の関わり

朝は、しっかり動く遊びを取り入れ、体も気持ちも目覚められるような活動を行った。また、5歳児でも引き続き、椅子の高さを調節したり、滑らないようにシートを敷いたりして座位の保持をサポートした。

**ここからの育ちを中心に
プラスの視点で書こう！**

Point 1

育ちの過程で気になったことは、保育士の配慮とともに記載

気になることやうまくいかないことだけを記入すると、できないことが強調されてしまいます。どのように配慮し、どう育ったかも合わせて書きましょう。

Point 2

マイナス面を強調しない

「いつも服が乱れ、鼻水が出ていたりしても平気で過ごしている」など課題を強調するような書き方ではなく、保育士の配慮と本児が育っている姿も合わせ、具体的に記載します。

Point 3

その子らしい育ちを伝える

感性豊かな姿や、不思議に思ったことを他者にも積極的に伝えようとする姿など、その子らしい姿を具体的に記載しましょう。ここでは、「自然との関わり・生命尊重」「言葉による伝え合い」「豊かな感性と表現」などに関連する育ちがみられます。

Point 4

プラスに捉えて書く

「一人遊びが多く、人と違うことをよくしている」などと書いてしまいがちですが、子どもの姿をプラスの視点で捉えて書きます。一人遊びの中で、本児が何を楽しみ、どのように過ごしているかをしっかり観察して、育ちを見いだして記入します。

Point 5

就学後も配慮すべきことを書く

アレルギーによる除去食などがある場合には、「除去食あり」と記入します。

記入例 16

気が散りやすい子

＋の視点で ➡ いろいろなものに興味がある子

ふりがな	○○○○ ○○○○	保育の過程と子どもの育ちに関する事項	最終年度に至るまでの育ちに関する事項
氏名	○○ P子	（最終年度の重点） 経験や人との関わりを重ね、自分なりに考えて行動できるようになる。	1歳で入園、5年間在籍した。 1歳では、はいはいをはじめたばかりで、歩行の開始もゆっくりだった。呼びかけへの反応があまりなかったが、初語や指差しが出ていた。2歳ではペープサートを見ることを好み、出てきた言葉をまねして言う姿があった。3歳では自分のペースで草花を見たりして、散歩を楽しんでいた。4歳では、食事を時間をかけて食べることが多かったが、後半になると、好きなメニューはおかわりをするようになった。
生年月日	○年○月○日		
性別	女		

ねらい（発達を捉える視点）

健康	明るく伸び伸びと行動し、充実感を味わう。	（個人の重点） 興味あることに集中して取り組みながら、周囲の状況にも意識を向ける。
	自分の体を十分に動かし、進んで運動しようとする。	（保育の展開と子どもの育ち） ・体を動かすことが好きで、朝から園庭での遊びを楽しんでいる。 ・身支度の途中、目に入った物に関心が移ることもあるが、何をするかの掲示を見たり、保育士や友達に言葉をかけられたりすると、最後までやり遂げることができる。❶ ・身近な自然に親しみ、自ら虫を捕まえて観察したり、図鑑で調べたりして知識を深める姿がみられる。自分なりのペースで、興味ある世界に没頭して楽しんでいる。❷❸ ・活動中に関心が移っても、保育士に名前を呼ばれることで意識が向き、しっかりと話を理解するようになった。また、聞いたことを忘れてしまっても、方法や手順、見本などが掲示されていると、自分で確認して行動している。❹ ・劇遊びでは、せりふの言い方や体の動きをどんな風にするかを友達と話し合い、衣装を身に着けたり、小道具を使ったりしながら、イメージを共有して豊かに表現し、楽しむ姿があった。❺
	健康、安全な生活に必要な習慣や態度を身に付け、見通しをもって行動する。	
人間関係	保育所の生活を楽しみ、自分の力で行動することの充実感を味わう。	
	身近な人と親しみ、関わりを深め、工夫したり、協力したりして一緒に活動する楽しさを味わい、愛情や信頼感をもつ。	
	社会生活における望ましい習慣や態度を身に付ける。	
環境	身近な環境に親しみ、自然と触れ合う中で様々な事象に興味や関心をもつ。	
	身近な環境に自分から関わり、発見を楽しんだり、考えたりし、それを生活に取り入れようとする。	
	身近な事象を見たり、考えたり、扱ったりする中で、物の性質や数量、文字などに対する感覚を豊かにする。	
言葉	自分の気持ちを言葉で表現する楽しさを味わう。	
	人の言葉や話などをよく聞き、自分の経験したことや考えたことを話し、伝え合う喜びを味わう。	
	日常生活に必要な言葉が分かるようになるとともに、絵本や物語などに親しみ、言葉に対する感覚を豊かにし、保育士等や友達と心を通わせる。	
表現	いろいろなものの美しさなどに対する豊かな感性をもつ。	
	感じたことや考えたことを自分なりに表現して楽しむ。	
	生活の中でイメージを豊かにし、様々な表現を楽しむ。	（特に配慮すべき事項） 特記事項なし。

幼児期の終わりまでに育ってほしい姿

※各項目の内容等については、別紙に示す「幼児期の終わりまでに育ってほしい姿について」を参照すること。

健康な心と体
自立心
協同性
道徳性・規範意識の芽生え
社会生活との関わり
思考力の芽生え
自然との関わり・生命尊重
数量や図形、標識や文字などへの関心・感覚
言葉による伝え合い
豊かな感性と表現

Pちゃんの保育記録より

● Pちゃんってこんな子

Pちゃんは集中することが苦手で、活動中に目移りして別の行動をとる、保育士が話している時に他のことに気持ちが移りやすい、聞いたことを忘れてしまうなどの姿があった。自然や表現など、好きなことへは没頭して取り組み、マイペースで楽しんでいた。

● 保育士の関わり

Pちゃんの意識が向くよう、名前を呼ぶなどの声かけをしたり、することや手順を掲示したりといったサポートを行った。また、好きなことに没頭する本児らしい姿を大切にし、そこから友達関係が広がるよう見守った。

ここからの育ちを中心に
プラスの視点で書こう！

Point 1 支援の方法を書く

本児に対して有効な支援がある場合、具体的に記入することで、就学後も役立ててもらうようにします。ここでは、「目に入った物に関心が移る」という特徴だけでなく、そのことに対してどのような支援、関わりをするとよいかも具体的に記入しています。

Point 2 「自然との関わり・生命尊重」などの育ち

主体的に自然と関わり、学びを深めようとする姿からは、「自立心」「自然との関わり・生命尊重」などに関連する育ちが読み取れます。

Point 3 特徴は、プラスの視点で

他児に左右されない姿を、「マイペースで周りが見えなくなることが多い」「好きな遊びに没頭してしまい、集団から離れても平気である」など書いてしまいがちですが、ここではプラスの視点で捉えて記入しています。

Point 4 就学後も生かされる支援を記載

気が散ってしまった時の効果的な支援として、個別の声かけや手順・見本の掲示などを具体的に記入しているので、就学後に役立つ内容になっています。

Point 5 本児らしい姿から育ちを伝える

工夫しながら、友達と表現を楽しむ姿からみられた成長を記入することで、「言葉による伝え合い」「豊かな感性と表現」などに関連する育ちを伝えています。

第3章 記入例 保育に関する記録

81

記入例 17

気になる子
個別の説明が必要な子
プラスの視点で ➡ 視覚から理解して行動できる子

🔘 ➡ 📁 第3章_記入例 ➡ 📄 P082.xls

ふりがな	○○○○ ○○○○	保育の過程と子どもの育ちに関する事項	最終年度に至るまでの育ちに関する事項
氏名	○○ Q美	**(最終年度の重点)** 興味関心がある遊びや活動を通して豊かな経験を重ね、主体的に行動し充実感を味わう。	3歳で入園、3年間在籍した。 3歳では、慣れるまでに少し時間がかかったが、園で遊ぶことを楽しめるようになり、喜んで登園するようになった。初めての集団生活で、戸惑うことも多かったが、4歳になると様々な遊びや経験を通して、自信をもつことも増え、4歳後半ごろから友達と取り組む活動に意欲的に参加するようになった。
生年月日	○年○月○日		
性別	女	**(個人の重点)** 「できた」という体験を重ねながら、自信をもって様々な活動に意欲的に参加する。	

ねらい（発達を捉える視点）

		(保育の展開と子どもの育ち)
健康	明るく伸び伸びと行動し、充実感を味わう。	・初めての活動は、友達の姿をじっくり見ることで、本児なりに理解してから参加する。「できた」という経験を重ねることで、積極的に取り組む姿がみられるようになってきている。❶
	自分の体を十分に動かし、進んで運動しようとする。	
	健康、安全な生活に必要な習慣や態度を身に付け、見通しをもって行動する。	
人間関係	保育所の生活を楽しみ、自分の力で行動することの充実感を味わう。	・整理整頓は、手順や場所が掲示されていると、自分で見て理解し、やってみようとしている。また朝の支度など、毎日決まっていることは一人でできるようになっている。
	身近な人と親しみ、関わりを深め、工夫したり、協力したりして一緒に活動する楽しさを味わい、愛情や信頼感をもつ。	
	社会生活における望ましい習慣や態度を身に付ける。	
環境	身近な環境に親しみ、自然と触れ合う中で様々な事象に興味や関心をもつ。	・園庭から見える乗用車、働く車、電車などに興味を示し、友達と一緒に見たり、図鑑で同じ乗り物を見つけたりして楽しんでいる。❷
	身近な環境に自分から関わり、発見を楽しんだり、考えたりし、それを生活に取り入れようとする。	
	身近な事象を見たり、考えたり、扱ったりする中で、物の性質や数量、文字などに対する感覚を豊かにする。	
言葉	自分の気持ちを言葉で表現する楽しさを味わう。	・おにごっこのルールが絵で見てわかるようになるなど、視覚から理解することが得意で、スケジュールや手順が絵や写真で示されると、自分で見て行う姿がある。保育士からの個別の説明もあると、耳で聞いて理解できるようになってきた。❸
	人の言葉や話などをよく聞き、自分の経験したことや考えたことを話し、伝え合う喜びを味わう。	
	日常生活に必要な言葉が分かるようになるとともに、絵本や物語などに親しみ、言葉に対する感覚を豊かにし、保育士等や友達と心を通わせる。	
表現	いろいろなものの美しさなどに対する豊かな感性をもつ。	・写真や絵を見てイメージしたことを、自分なりに言葉で表したり、クレヨンなどで描いたりするなど、表現することを楽しんでいる。❹
	感じたことや考えたことを自分なりに表現して楽しむ。	
	生活の中でイメージを豊かにし、様々な表現を楽しむ。	**(特に配慮すべき事項)** 特記事項なし。

幼児期の終わりまでに育ってほしい姿
※各項目の内容等については、別紙に示す「幼児期の終わりまでに育ってほしい姿について」を参照すること。

- 健康な心と体
- 自立心
- 協同性
- 道徳性・規範意識の芽生え
- 社会生活との関わり
- 思考力の芽生え
- 自然との関わり・生命尊重
- 数量や図形、標識や文字などへの関心・感覚
- 言葉による伝え合い
- 豊かな感性と表現

Qちゃんの保育記録より

●Qちゃんってこんな子

本児は、全体の説明では理解が難しく、取り組みが遅れたり、どうしていいかわからず動きが止まったりすることがあった。初めての場面では躊躇し、他児を見てから参加する姿も多くみられた。また、物語を聞いてイメージしたり、絵に描いたりすることも苦手としている。

▼

●保育士の関わり

聞いて理解するより、見てわかることが多いので、絵や写真で活動内容を示すなど、視覚的な支援を行った。また、一斉の説明に加えて、個別の説明も行い、理解しやすくなるように配慮した。成功体験を積み重ねながら、意欲につなげていった。

▼

ここからの育ちを中心に
プラスの視点で書こう！

第3章 記入例 保育に関する記録

Point 1
・「見てわかるようになっている」という育ちを中心に記入

聞くよりも視覚からの理解力が育っている姿を中心に記入しています。身近にモデルとなる友達がいたり、手順や場所が明示されたりすると、それらを見て本児なりに理解して自分でやってみようとする姿を書くことで、具体的な支援のポイントと、「自立心」などに関連する本児の育ちを伝えています。

Point 2
・好きなことに取り組む姿から伝える

園外の様々な車を見たり、車両の特徴から同じ車を図鑑で探したりといった姿からは、「社会生活との関わり」「数量や図形、標識や文字などへの関心・感覚」などに関連する育ちがみられます。

Point 3
・苦手なことを強調しない

「説明されたことを理解しにくい」「理解力が乏しい」などと書いてしまいがちですが、理解が難しい姿もマイナス面を強調せず、プラス面から育ちや支援とともに記入しましょう。

Point 4
・「できないこと」より「できること」を伝える

物語を聞いて表現することが苦手な姿を、「イメージ力が乏しく、絵に表現したり、物語をイメージしたりすることが苦手」などと書いてしまいがちですが、絵や写真を見るとイメージできるなど、できることを中心に本児の姿を記入しています。

記入例 18

気になる子
体や心のコントロールが苦手な子

➕ プラスの視点で ➡ **元気よく動いている子**

ふりがな	○○○○ ○○○○	保育の過程と子どもの育ちに関する事項	最終年度に至るまでの育ちに関する事項
氏名	○○ R紀	(最終年度の重点) 人との関わりや様々な活動の中で、必要な態度やマナーを身に付け、主体的に行動する。	1歳で入園、5年間在籍した。 1歳では、人見知りせずすぐに園生活に慣れた。触れ合い遊びや体を使った遊びを好んだ。2歳では、食具を持ちながらも手づかみで食べる姿があった。3歳になると、物や人に体当たりする姿がみられたが、体を使った遊びを取り入れ、個別に関わる時間ももつことで、少しずつ安定して過ごせるようになった。環境の変化が得意ではなく、4歳進級当初は心も体もコントロールが難しくなったが、保育士の手伝いや小さい子の世話に生き生きと取り組み、少しずつ穏やかに過ごせるようになった。
生年月日	○年○月○日		
性別	男	(個人の重点) 友達との関わりの中で、相手の思いに気付いたり、自分の気持ちに折り合いをつけたりする。	

ねらい（発達を捉える視点）

健康
- 明るく伸び伸びと行動し、充実感を味わう。
- 自分の体を十分に動かし、進んで運動しようとする。
- 健康、安全な生活に必要な習慣や態度を身に付け、見通しをもって行動する。

人間関係
- 保育所の生活を楽しみ、自分の力で行動することの充実感を味わう。
- 身近な人と親しみ、関わりを深め、工夫したり、協力したりして一緒に活動する楽しさを味わい、愛情や信頼感をもつ。
- 社会生活における望ましい習慣や態度を身に付ける。

環境
- 身近な環境に親しみ、自然と触れ合う中で様々な事象に興味や関心をもつ。
- 身近な環境に自分から関わり、発見を楽しんだり、考えたりし、それを生活に取り入れようとする。
- 身近な事象を見たり、考えたり、扱ったりする中で、物の性質や数量、文字などに対する感覚を豊かにする。

言葉
- 自分の気持ちを言葉で表現する楽しさを味わう。
- 人の言葉や話などをよく聞き、自分の経験したことや考えたことを話し、伝え合う喜びを味わう。
- 日常生活に必要な言葉が分かるようになるとともに、絵本や物語などに親しみ、言葉に対する感覚を豊かにし、保育士等や友達と心を通わせる。

表現
- いろいろなものの美しさなどに対する豊かな感性をもつ。
- 感じたことや考えたことを自分なりに表現して楽しむ。
- 生活の中でイメージを豊かにし、様々な表現を楽しむ。

(保育の展開と子どもの育ち)

- 体を動かすことが好きで、ルールがある遊びなどを活発に楽しんでいる。

- 活動や遊びで、できなかったり負けたりすると、大きな声を出したり途中で諦めたりすることもあったが、逆上がりができ達成感を味わったことをきっかけに自信をもち、他の活動にも粘り強く取り組む姿が増えている。❶

- 年下の子どもを気遣い、靴をはかせたり、着替えを手伝ったりする姿がある。また、保育士の手伝いや当番活動に張り切って取り組むなど、必要なことを自分なりに判断して行動し、人の役に立つことを喜ぶ姿がみられる。❷

- 手伝いをしようと勢いよく歩き、物や人にぶつかってしまうなど、動きの調整をしづらいことがあるが、保育士が「ゆっくりね」「優しくね」と伝えると、本児も意識して慎重に行動するようになりつつある。❸

- 製作や表現遊びは、見本があると自分なりにまねをしたり発展させたりして、意欲的に取り組んでいる。❹

(特に配慮すべき事項)
特記事項なし。

幼児期の終わりまでに育ってほしい姿
※各項目の内容等については、別紙に示す「幼児期の終わりまでに育ってほしい姿について」を参照すること。

健康な心と体
自立心
協同性
道徳性・規範意識の芽生え
社会生活との関わり
思考力の芽生え
自然との関わり・生命尊重
数量や図形、標識や文字などへの関心・感覚
言葉による伝え合い
豊かな感性と表現

Point 1
成長のきっかけとなる出来事を書く

「健康な心と体」「自立心」などに関連する育ちがみられる記載です。転機となった出来事によって、諦めずにやり遂げようという気持ちをもつようになった様子が伝わります。

Point 2
人の役に立とうとする姿を育ちとして伝える

生活の中でみられた本児のすてきな一面を、記録に残して伝えています。手伝いたい気持ちをもち、相手に必要なことを考えて判断し、行動する様子からは「自立心」「道徳性・規範意識の芽生え」などに関連する育ちがみられます。

Point 3
マイナス面を強調しない

人や物にぶつかってしまうことだけが強調されないように、声かけにより意識するようになったという姿と合わせて記入しています。

Rくんの保育記録より

●Rくんってこんな子
体の動きや声の大きさをコントロールすることが苦手で、勢い余って友達や物にぶつかるなど、力の調節も難しい面があった。気持ちの折り合いをつけることも難しく、気持ちが高ぶると物や人に体当たりしたり、大きな声を出してしまったりする姿がみられた。

▼

●保育士の関わり
普段の活動で、体をしっかり動かし、力の調整が必要な遊びを取り入れた。動きが大きくなっている時は「ゆっくりね」「優しくね」と伝える、イライラしている時は冷静に思いを聞く、個別に関わる時間をできる限りつくるなどの配慮を行った。

▼

ここからの育ちを中心に
プラスの視点で書こう！

Point 4
支援によってできるようになったことを育ちとして伝える

イメージすることが苦手で、製作や表現遊びが得意ではない本児ですが、見本を用意するという支援で、意欲的に自分なりの表現に取り組めています。その部分を育ちとして伝えましょう。

第3章 記入例 保育に関する記録

記入例 19

気になる子

こだわりがある子

➕ プラスの視点で ➡ 自分の思いがはっきりしている子

ふりがな	○○○○ ○○○○	保育の過程と子どもの育ちに関する事項	最終年度に至るまでの育ちに関する事項
氏名	○○ S介	(最終年度の重点) 園生活を楽しみながら、好きな活動に意欲的に取り組む経験を重ねる。	3歳で入園、3年間在籍した。 3歳では、自分の落ち着くスペースで過ごすことが多かったが、次第に友達への関心が芽生え、クラスの活動への参加が増えた。食事はその時に好む1つの物だけを食べ、家庭から持参していた。4歳では、遊びに友達が入ってきても、一緒に楽しめるようになった。給食を開始したが、当初は、全く食べなかった。一人の空間を作ると食べるようになり、次第に友達と一緒に食べることを喜ぶようになった。給食で食べられる物も、最初は白ご飯と少量の肉だけだったが、少しずつ種類が増えていった。
生年月日	○年○月○日		
性別	男	(個人の重点) 様々な経験を通し、楽しみながら友達、遊び、食事などの幅を広げていく。	
ねらい (発達を捉える視点)		(保育の展開と子どもの育ち)	
健康	明るく伸び伸びと行動し、充実感を味わう。	• 食べ物に対するこだわりがあり、食べられない物が多かったが、仲のよい友達と同じテーブルで食事をすることで、給食に前向きに取り組む姿がみられ、好きなメニューはおかわりもするようになった。①	
	自分の体を十分に動かし、進んで運動しようとする。		
	健康、安全な生活に必要な習慣や態度を身に付け、見通しをもって行動する。		
人間関係	保育所の生活を楽しみ、自分の力で行動することの充実感を味わう。	• 絵や字を見ることでスケジュールを理解したり、「シールを貼って、タオルをかけます」など、することを絞って示されることで、朝の支度を一人でできるようになっている。	
	身近な人と親しみ、関わりを深め、工夫したり、協力したりして一緒に活動する楽しさを味わい、愛情や信頼感をもつ。		
	社会生活における望ましい習慣や態度を身に付ける。		
環境	身近な環境に親しみ、自然と触れ合う中で様々な事象に興味や関心をもつ。	• にぎやかな場所や広い所では落ち着きづらいが、区切られた場所で自分のスペースが安定すると安心し、机上遊びなどに集中して取り組む。②	
	身近な環境に自分から関わり、発見を楽しんだり、考えたりし、それを生活に取り入れようとする。		**幼児期の終わりまでに育ってほしい姿** ※各項目の内容等については、別紙に示す「幼児期の終わりまでに育ってほしい姿について」を参照すること。
	身近な事象を見たり、考えたり、扱ったりする中で、物の性質や数量、文字などに対する感覚を豊かにする。		健康な心と体
言葉	自分の気持ちを言葉で表現する楽しさを味わう。	• 言葉で意志を示すことは難しいが、二者択一で示されると、自分のやりたいことや思いを選び、伝えることができるようになっている。	自立心
	人の言葉や話などをよく聞き、自分の経験したことや考えたことを話し、伝え合う喜びを味わう。		協同性
	日常生活に必要な言葉が分かるようになるとともに、絵本や物語などに親しみ、言葉に対する感覚を豊かにし、保育士等や友達と心を通わせる。	• 文字や記号への興味があり、文字カードを並べて言葉を作ったり、読んだり、地図記号の意味を覚えたりすることを楽しんでいる。③	道徳性・規範意識の芽生え
			社会生活との関わり
			思考力の芽生え
表現	いろいろなものの美しさなどに対する豊かな感性をもつ。	• 音楽を好み、曲に合わせて踊るなど、伸び伸びと体で表現する姿がみられる。④	自然との関わり・生命尊重
	感じたことや考えたことを自分なりに表現して楽しむ。		数量や図形、標識や文字などへの関心・感覚
			言葉による伝え合い
	生活の中でイメージを豊かにし、様々な表現を楽しむ。	(特に配慮すべき事項) 特記事項なし。	豊かな感性と表現

Point 1
こだわりを経ての育ちを書く
強かった食のこだわりが、友達との関係を深めることで和らぎ、園生活の充実につながったことを記入しています。「健康な心と体」「協同性」などに関連する育ちが読み取れます。

Point 2
できるようになっていることを中心に書く
その子ができるようになっていることを、わかりやすく記入します。「することを絞る」「場所を区切る」「二者択一にする」など、本児が理解しやすい表現や環境の工夫を具体的に伝えることは、就学後の支援にも役立ちます。

Point 3
図形や文字への前向きな取り組みに触れる
本児が興味・関心をもっていること、得意なことも、記入しましょう。文字カードを試行錯誤して並べたり、地図記号を覚えたりといった姿からは、「数量や図形、標識や文字などへの関心・感覚」「思考力の芽生え」「社会生活との関わり」などに関連する育ちがみられます。

Sくんの保育記録より

● Sくんってこんな子
食を中心にこだわりが強く、給食でも食べられない物が多かった。人が多い所や広々とした所では、不安で落ち着かなくなる姿があった。また、2つ以上のことを一度に説明されると理解が難しく、言語表現も苦手としていた。

▼

● 保育士の関わり
食事では、どういった物が嫌で口にしないのかを探り、食べやすい形を模索したり、「ひと口だけ食べてみる？」と誘ったりした。また、落ち着かない時は保育士がそばで安心できる言葉かけをしながら、部屋を区切ったり行動を1つずつ説明したりした。

▼

ここからの育ちを中心に
プラスの視点で書こう！

第3章 記入例 保育に関する記録

Point 4
楽しんでいる姿からも育ちを伝える
音楽に合わせて伸び伸び踊る姿からは「健康な心と体」「豊かな感性と表現」などに関連する育ちが読み取れます。

記入例 20

気になる子
協調性がない子

プラスの視点で ➡ 一人遊びに集中できる子

ふりがな	○○○○　○○○○	保育の過程と子どもの育ちに関する事項	最終年度に至るまでの育ちに関する事項
氏名	○○　T 弘	（最終年度の重点）友達や保育士とのやり取りを楽しみながら様々な活動に取り組み、自己肯定感を高める。	1歳で入園、5年間在籍した。1歳では、お気に入りのぬいぐるみのしっぽを口にすることで安定して過ごした。午睡時は、部屋の隅を固定の位置にすると落ち着いて眠れるようになった。2歳では、保育士がルールや手順を視覚化してわかりやすくすることで、本児も集団での活動に興味をもって参加した。3歳では友達同士の関わりが増え、うまくいかない時は、保育士が仲立ちを行った。4歳では、家庭と園とで本児の特性や対応を共有することで、本児の行動も少しずつ落ち着き、ブロックなどで集中して遊ぶ姿も増えた。
生年月日	○年○月○日		
性別	男	（個人の重点）友達と関わる中で、相手の思いに気付いたり、自分の気持ちに折り合いをつけたりする。	

ねらい（発達を捉える視点）

健康
- 明るく伸び伸びと行動し、充実感を味わう。
- 自分の体を十分に動かし、進んで運動しようとする。
- 健康、安全な生活に必要な習慣や態度を身に付け、見通しをもって行動する。

人間関係
- 保育所の生活を楽しみ、自分の力で行動することの充実感を味わう。
- 身近な人と親しみ、関わりを深め、工夫したり、協力したりして一緒に活動する楽しさを味わい、愛情や信頼感をもつ。
- 社会生活における望ましい習慣や態度を身に付ける。

環境
- 身近な環境に親しみ、自然と触れ合う中で様々な事象に興味や関心をもつ。
- 身近な環境に自分から関わり、発見を楽しんだり、考えたりし、それを生活に取り入れようとする。
- 身近な事象を見たり、考えたり、扱ったりする中で、物の性質や数量、文字などに対する感覚を豊かにする。

言葉
- 自分の気持ちを言葉で表現する楽しさを味わう。
- 人の言葉や話などをよく聞き、自分の経験したことや考えたことを話し、伝え合う喜びを味わう。
- 日常生活に必要な言葉が分かるようになるとともに、絵本や物語などに親しみ、言葉に対する感覚を豊かにし、保育士等や友達と心を通わせる。

表現
- いろいろなものの美しさなどに対する豊かな感性をもつ。
- 感じたことや考えたことを自分なりに表現して楽しむ。
- 生活の中でイメージを豊かにし、様々な表現を楽しむ。

（保育の展開と子どもの育ち）

- 身の回りの支度は、手順を視覚化した掲示を見ることで、自分で取り組むようになっている。

- 他児に向け衝動的な行動がみられることもあったが、自分から保育士に「ギューッとして」「ぐるぐる回して」と思いを伝え、関わりを楽しむ中で、少しずつ気持ちを調整しようとするようになりつつある。　❶

- スケジュールボードを見て生活に見通しがつくようになったことで、夢中で遊んでいてもある程度のところで自分なりの区切りをつけ、次の活動へ切り替えられるようになっている。　❷

- 一人での遊びを好み、ビー玉のコース作りでは、傾斜の角度とビー玉が転がる速さの関係に着目し、自分なりに工夫を重ねながら、遊びを発展させる姿がみられた。　❸

- 植物の生長や、身の回りの物などの変化を見つけるのが得意で、じっくり見たり触ったりと五感を使って確認し、おもしろさを味わっている。　❹

（特に配慮すべき事項）特記事項なし。

幼児期の終わりまでに育ってほしい姿
※各項目の内容等については、別紙に示す「幼児期の終わりまでに育ってほしい姿について」を参照すること。

幼児期の終わりまでに育ってほしい姿
健康な心と体
自立心
協同性
道徳性・規範意識の芽生え
社会生活との関わり
思考力の芽生え
自然との関わり・生命尊重
数量や図形、標識や文字などへの関心・感覚
言葉による伝え合い
豊かな感性と表現

Tくんの保育記録より

●Tくんってこんな子

人との関わりが苦手で一人の行動が多く、自分から友達と遊んだりすることは少なかった。相手の思いをくみ取ることも難しく、嫌がることを指摘するなど、トラブルが度々あった。また、変化に弱く、活動の切り替え時にパニックになる姿もあった。

▼

●保育士の関わり

友達とトラブルになった時は、本児の気持ちを受け止めつつ、相手の気持ちと行動の意味も伝えるなどの仲立ちを行った。活動の切り替えなど、Tくんが戸惑いがちな場面では、スケジュールボードを使い、視覚的な情報で理解を促すなどの配慮を行った。

▼

ここからの育ちを中心に
プラスの視点で書こう！

第3章 記入例 保育に関する記録

Point 1
衝動的な行動を緩和する関わり

本児がもっている欲求や、どのような対応があると衝動的な行動が減少するのかを、具体的に記入しています。対応だけではなく、衝動的な行動が減りつつあることなど、育っている部分も伝えましょう。

Point 2
視覚化により見通しがつく

視覚化という支援のもと、本児が生活の見通しをもてるようになり、それによって自分の気持ちに折り合いをつけることができるようになっているなど、成長していることを記入しています。「自立心」「道徳性・規範意識の芽生え」などに関する育ちがみられます。

Point 3
普段の遊びの記録を活用する

日常の遊びや生活などを記録しておくことで、要録に生かすことができます。10の姿の視点を意識して記しておくとさらによいでしょう。この姿からは、「数量や図形、標識や文字などへの関心・感覚」「思考力の芽生え」などに関連する育ちが伝わります。

Point 4
特性を生かした育ちを記入

本児の「視覚優位」「五感を使って確認する」という特性を、よい面として受け止め、そのことを具体例にして書いています。具体的な活動を盛り込むことで、よりわかりやすく育ちを伝えています。

第4章

アレンジして使える！
保育要録 文例

「保育に関する記録」各欄の文例を掲載しています。
「保育の展開と子どもの育ち」では、
5領域＆「10の姿」ごとに、文例をまとめました。
参考になる文例を見つけたら、そのまま使うのではなく、
子どもの発達や活動内容に応じて調整することが大切です。
一人ひとりの子どもに合わせて、自由にアレンジして使いましょう。

文例 最終年度の重点

P092_01
好きな遊びや興味をもった事柄にじっくり取り組み、充実感や達成感を味わう。

P092_02
生活や遊びを豊かに、気持ちよくすすめるために、自発的に考えたり、工夫したり、試したりする。

P092_03
主体的な活動の中で、工夫する力や諦めない心を養い、自信をもって生活する。

P092_04
様々な経験を通し、新しい出会いや場所に期待をもち、積極的に関わっていく意欲をもつ。

P092_05
活動や行事を通して、自分の役割を知り、主体的に取り組んでいく。

P092_06
自分なりに考えたり友達と話し合ったりして、生活や遊びの計画を立て、見通しをもって活動する。

P092_07
生活や人との関わりの中で、自分の力を発揮することに喜びを感じながら活動に取り組む。

P092_08
友達とお互いの思いや考えを認め合い、折り合いをつけながら、自分達で活動をすすめていく。

P092_09
生活に見通しをもちながら、友達との遊びや活動の中で様々な経験を積み重ねて過ごす。

P092_10
友達の姿を見たり、話を聞いたりする中で、心情を思いやり、行動を一緒に考える。

P092_11
友達と関わる中でお互いの思いを共有し、共通の目的に向かってやり遂げようとする。

P092_12
様々な体験を通して、相手の立場を考えたり、認め合ったりして、自分の気持ちの調整を図る。

P093_01
相手の話を注意して聞き、豊かな言葉や表現する力を育む。

P093_02
経験したことを自分なりの表現方法で形にし、友達と認め合って達成感を味わう。

P093_03
感じたことや考えたことを発言したり、自分の行動を振り返ったりして、考えの幅を広げる。

P093_04
クラス集団や班での活動を通し、多様な考え方や価値観を知り、お互いを認め合う。

P093_05
社会とのつながりを意識できる経験を積み、自分もその一員だという自覚をもって過ごす。

P093_06
遊びや活動にじっくり取り組み、経験したことを生活の中に取り入れ、発展させていく。

P093_07
身近な事象に主体的に関わる中で、想像力や工夫する力を育む。

P093_08
豊富な生活体験から得た様々な情報を遊びや生活に生かし、活動の幅を広げていく。

P093_09
身の回りにある物に、好奇心や探究心をもって関わり、知識を得る楽しさを味わう。

P093_10
身近な人や自然と触れ合う中で、豊かな感性をもつようになる。

P093_11
遊びや生活の中で、数や文字の役割に気付き、親しみと必要感をもって積極的に使ってみようとする。

P093_12
言葉でのやり取りで友達と気持ちを通わせるようになり、言葉による伝え合いを楽しむ。

第4章 文例 最終年度の重点

文例 個人の重点

P094_01
園生活の流れに見通しをもち、生活や遊びに主体的に関わる。

P094_02
遊びや生活に必要な約束事を理解しながら、自ら遊びを展開し、園生活を楽しむ。

P094_03
身の回りの片付けや準備などを、自発的に行うことができるようになる。

P094_04
様々な遊具や運動用具に触れ、体を動かす楽しさを味わいながら、友達関係を広げていく。

P094_05
運動遊びに意欲的に取り組むことで、伸び伸びと体を動かす楽しさを味わう。

P094_06
遊びや生活の中で、自分のイメージしたことを実現するために主体的に取り組む。

P094_07
自分の長所や得意なことを伸ばしながら、友達のよい姿も認め、協同して活動する。

P094_08
様々な活動に主体的に取り組み、工夫したり、挑戦したりする。

P094_09
興味や関心をもった活動にじっくり取り組み、やり遂げる充実感を味わう。

P094_10
考えたり工夫したりすることで、解決する経験や成功体験を得て、自信をもって活動する。

P094_11
自分の掲げた目標に向かって意欲的に取り組み、やり遂げた達成感を味わう。

P094_12
試行錯誤しながら成功する体験を重ね、自信をもって行動する。

P095_01
困難なことがあっても、最後まで諦めずにやり遂げようとする意欲をもつ。

P095_02
苦手な活動でも挑戦してみようという気持ちをもち、経験を広げたり深めたりする。

P095_03
遊びや活動の中で、友達とイメージを共有し、同じ目的に向かって取り組む楽しさを知る。

P095_04
集団での活動の中で、お互いを認め合い、友達のよさや多様な考えに気付くようになる。

P095_05
自分の気持ちや考えを言葉で表現しながら、友達と協力して、ともに活動する楽しさを味わう。

P095_06
当番活動を通し、友達と協力したり人の役に立ったりすることに喜びを感じ、意欲的に生活をすすめるようになる。

P095_07
遊びや生活のルールを守る意味を自分なりに理解し、実行する自立心を身に付ける。

P095_08
ルールを守って遊ぶ大切さや楽しさに気付き、友達との関わりを深める。

P095_09
友達との関わりの中で、集団生活で必要な態度やルールを学び、自信をもって活動に取り組む。

P095_10
仲間の中の一人という自覚をもって、友達と協同して班活動を楽しんで行う。

P095_11
年長児として、責任感や主体性をもって意欲的に活動に取り組む。

P095_12
年下の子どもとの関わりを通して、頼られる喜びや年上の自覚をもち、相手のことを考えて行動するようになる。

第4章 文例 個人の重点

95

文例 個人の重点

P096_01
友達との関わりの中で、様々な考え方や感じ方があることを知って、物事に柔軟に対応する。

P096_02
周りの様子や友達の気持ちに気付き、自分の気持ちの表現を調整するようになる。

P096_03
困っている友達の姿に気付き、気持ちに沿った行動をするなど、共感する力を育む。

P096_04
他者と自分の思いの違いに気付き、折り合いをつけながら、気持ちよく人と関わる力を身に付ける。

P096_05
意見が対立したら折衷案を考えるなど、多様な意見を尊重し、活動をすすめるようになる。

P096_06
葛藤がある場面でも、自分の気持ちをコントロールして言葉で表現し、相手に伝えるようになる。

P096_07
友達との関わりの中で、自分と違う考え方を知り、折り合いをつけるようになる。

P096_08
園内外の活動を通して、年下の子や高齢者、地域の方など、様々な人と関わる楽しさを味わう。

P096_09
生活体験で得た情報を盛んに遊びに取り入れ、応用するなど、豊かに展開させる。

P096_10
自分の経験を生かして遊びを発展させたり、友達に助言をしたりするなどして、思考力を伸ばしていく。

P096_11
身近な自然現象や動植物に興味・関心をもち、知的好奇心をもちながら主体的に関わる。

P096_12
身近な自然にじっくりと関わることで、自然事象に関心や探究心をもつようになる。

第4章_文例 P096_097.txt

P097_01
感じたことや経験したことを具体的に言葉で表現し、伝え合いを楽しむ。

P097_02
思ったことや感じたことを、相手にわかるように言葉で表現し、話し合いながら活動をすすめる。

P097_03
生活経験の広がりとともに、自分なりに表現する経験を重ね、会話の内容や言葉のやり取りを豊かにしていく。

P097_04
自分が話すばかりでなく、友達の話も落ち着いて聞くことができるようになる。

P097_05
友達との対話を通してアイデアを出し合い、問題を解決したり、目標を達成したりする喜びを味わう。

P097_06
友達との対話や絵本を読む中で語彙を増やし、言葉での表現を豊かにする。

P097_07
言葉や文字に関心をもち、自分の思いを伝える手段として表現の幅を広げていく。

P097_08
様々な経験を通し、表現する喜びや楽しさを味わい、意欲をもって活動に取り組む。

P097_09
自分の思いや感じたことを伸び伸びと表現し、認められる経験を通じて自信をもつようになる。

P097_10
遊びや生活の中での体験からイメージを膨らませ、製作などの表現活動を伸び伸びと行う。

P097_11
イメージした動きや言葉を表現したり演じたりする楽しさを、様々な活動を通して体験する。

P097_12
感じたことを自分なりに表現し、他者に認められる経験を重ねて、表現する意欲を高める。

第4章 文例 個人の重点

97

文例 保育の展開と子どもの育ち

5領域 健康

10の姿　健康な心と体

P098_01
- 園庭で伸び伸びと体を動かす

園庭に出ると、走ったり遊具で遊んだりと、自分で遊びを見つけて、伸び伸びと体を動かすことを楽しんでいる。

P098_02
- じっくり取り組める遊びを好む

勝ち負けがある遊びよりも、砂場遊びなど自分のペースでじっくりと取り組める遊びを好み、試行錯誤しながら楽しんでいる。

P098_03
- 走ったり止まったりと機敏な動きをする

友達と誘い合って戸外遊びを楽しみ、だるまさんが転んだでは、走ったり止まったりして、機敏に動く姿があった。

P098_04
- 音楽やダンスを楽しむ

音楽やダンスが好きで、リズムに合わせ伸び伸びと体を動かすことを楽しんでいる。また、自分が習得した動きを友達に伝える姿もある。

P098_05
- 体の動かし方を工夫する

運動遊びが好きで、固定遊具の高い所に登ったり、おにごっこで最後まで捕まらないように逃げるなど、体の動かし方を工夫しながら積極的に楽しんでいる。

P098_06
- プール遊びを十分に楽しむ

水に触れることが好きで、プール遊びでは泳いだり潜ったりすることにも積極的に挑戦し、充足感を味わう姿があった。

P098_07
- サーキット遊びで多様な動きを楽しむ

遊具や運動具を並べて作ったコースを、跳んだり渡ったりするサーキット遊びを好み、様々な動きを繰り返し楽しんでいる。

P099_01
●バランス力がつく

平均台を体のバランスをとりながら渡ったり、途中で片足を上げたりすることができるようになっている。また、そのために何度も練習して、諦めずに取り組む姿もみられた。

P099_02
●体をコントロールする力が育ち遊びを楽しむ

キャッチボールでは、ボールを相手のいる場所に向かって投げたり、しっかりと見ながら受けるなど、自分の体をコントロールして遊びを楽しんでいる。

P099_03
●目標を掲げ、粘り強く縄跳びに取り組む

「20回跳びたい」など目標をもって縄跳びを練習するなど、自分のペースで粘り強く活動に取り組んでいる。

P099_04
●課題をやり遂げる

竹馬に乗って歩きたいという思いをもち、できるようになるまで、繰り返し挑戦するなど、自分なりに課題をもってやり遂げる力がついている。

P099_05
●目標をもって跳び箱に挑戦する

鉄棒や跳び箱などが得意で、「連続逆上がりをする」「跳び箱を4段跳ぶ」など、自ら目標をもって、繰り返し挑戦する。

P099_06
●勝つために相談しながら遊ぶ

球技では、チームが勝つためにどのようにしたらよいのか、友達と相談し合って遊んでいる。

P099_07
●苦手な運動も、努力して取り組む

運動は苦手だったが、跳び箱や逆上がりに繰り返し取り組むなど努力を重ね、できるようになった。目標に向かって全力で頑張りやり遂げることができる。

P099_08
●できたことが自信となる

運動が得意で、鉄棒の逆上がりができたこと、縄跳びができたことなどが自信となって、次の意欲につながっている。

P099_09
●友達に教わり何度も取り組む

うんていが苦手だったが、友達に教わりながら何度も取り組むうちに、しっかり握ると安定することに気付き、渡れるようになってきた。

第4章 文例 保育の展開と子どもの育ち 健康

●運動遊びを考えて、友達と楽しむ
新しい運動遊びを自由な発想で考え出し、友達と一緒に楽しんでいる。またその遊びを発展させ、より楽しくしようとしている。

●すすんで友達の輪の中に入る
かくれんぼやおにごっこが好きで、友達が遊んでいるところにすすんで声をかけ、一緒に体を動かす充足感を味わっている。

●友達を誘って伸び伸びと集団遊びを楽しむ
だるまさんが転んだなど、友達と誘い合って伸び伸びと集団遊びを楽しむ。ルールも理解し、子どもたち同士で遊びをすすめている。

●友達と助言し合いダンスを楽しむ
運動会のダンスでは、友達の動きを見て助言をしたり、自分の動きに助言をもらったりするやり取りを行いながら、積極的に取り組み、楽しむ姿があった。

●積極的に運動遊びに取り組む
ドッジボールで遊ぶ際、ルールを確認したり、人数を数えたりすることを率先して楽しんでいる。また、自分から遊びに入ろうとしない子に声をかけて遊びに誘う姿もよくみられる。

●役割に合わせた動きを行う
サッカーではゴールキーパー役を好み、走ったりしゃがんだりと多様な動きを行っている。

●チーム対抗の活動で、リーダーシップを発揮する
リレーなどチーム対抗の活動に意欲的に取り組む。勝つための作戦を考え、友達に伝えるなど、リーダーシップを発揮している。

●縄跳びやフープを使って体を動かす
友達と一緒に、縄跳びやフープを使って意欲的に体を動かしている。長い時間跳んだり回したりするこつを考え、友達や保育士と競争をして楽しむ姿がある。

●工夫して靴飛ばしを楽しむ
園庭で靴飛ばし競争を楽しみ、足の角度など遠くまで飛ばすこつを友達と話し合い、工夫する姿がみられる。

P101_01
● 身の回りのことを自主的に行う

手洗いうがいをすすんで行い、衣服が汚れると自分で気付き、着替えるなど、身の回りのことを自主的に行っている。

P101_02
● 保育士の話を聞き
　体の健康を意識する

保育士の話を聞き、風邪や病気の予防について理解し、すすんで防寒や手洗い、うがいを行う姿がみられるようになる。

P101_03
● 健康に留意し、衣服の調整をする

寒い時には上着を着たり、暑くなると脱いだりと、寒暖の差に気が付いて、自分で衣服を調整している。

P101_04
● 自分の体調の異変がわかり
　大人に伝えることができる

おなかが痛い、気持ちが悪いなど、自分の体調の変化を感じると、具体的な様子を保育士に伝えることができる。また友達の異変にも気付くようになっている。

P101_05
● 食事のマナーを守る

口に食べ物が入ったまま話さない、箸を正しく使うなど、食事中のマナーを理解し、守ろうとする。また友達にそのマナーを伝えたり、声をかけたりする姿もある。

P101_06
● 一定量を食べられるようになる

少食であったが、体を積極的に動かすことで空腹を感じるようになり、以前より多い量を食べる姿がみられるようになった。

P101_07
● 食事と健康の関係を理解する

給食では食材に興味をもち、食べると健康になることを理解しながら、口にする姿がみられる。

P101_08
● 苦手な食べ物にも挑戦する

苦手な食材でも、栄養があって体に大切だと理解し、少しずつ食べてみようとしている。

P101_09
● 食事のバランスに興味をもつ

食材カードを3色ボードに貼った経験から、食事のバランスに興味をもち、苦手な野菜も食べようとするようになってきた。

保育の展開と子どもの育ち

5領域 人間関係

10の姿　自立心

P102_01
● 生活の流れを理解する
1日の生活の流れを理解し、片付けや給食の準備、降園の身支度など見通しをもって主体的に行動している。

P102_02
● 物を丁寧に片付ける
片付けの際、玩具を種類ごとに分類したり、落ちている物を拾ったりするなど、自分が使った物を丁寧に扱う様子がみられる。

P102_03
● 物を大切に扱う
自分の持ち物や身の回りの物などを丁寧に片付けたり、清潔にしたりして、大切に扱っている。当番活動にも意欲的で、友達が気付かない所も掃除している。

P102_04
● 必要な物を主体的に考え準備を行う
製作活動を行う時は、自分のはさみやクレヨンをロッカーから出して準備するなど、主体的に考えて行動している。

P102_05
● 意欲的に保育士を手伝う
食後に保育室をきれいにすることを理解し、ほうきでごみを集めたり、雑巾をしっかり絞って床を拭いたりと、意欲的に保育士の手伝いを行っている。

P102_06
● 自分が使った物以外の片付けも行う
片付けの時、自分が使った物でなくても嫌がらずに手伝う。向きをそろえるなど、よりきれいに片付けようとする姿がある。

P102_07
● 時間を意識して行動する
食事の前の片付けなど、必要なことを自分から保育士にたずねて率先して行い、時間を見ながら行動している。

P103_01
●自分なりに考えたことをやり遂げる

絵本をきれいに片付けるにはどうしたらいいかを考え、大きさ別に並び替えるなど、考えたことをやり遂げる力がついている。

P103_02
●友達の困っている姿に気付き助けることができる

友達が床に水をこぼしてしまったら、雑巾を持って来て拭くなど、困っている姿に気付き、思いやりがある行動をとれる。

P103_03
●人の役に立ち、達成感を味わう

友達が困っている時に助けたり、身の回りのことを手伝ったりした経験を通して、人の役に立つことに達成感を味わう姿がみられる。

P103_04
●年下の子どもの世話をする

異年齢保育では、自発的に年下の子どもに声をかけ、相手の立場になって困っていることを解決しようとしたり、乳児クラスに行って着替えや午睡の準備を手伝ったりしている。

P103_05
●年長児の自覚が芽生える

年長児としての自覚が生まれ、小さいクラスの子どもがわかる言葉に言い換えて話しかけたり、できないことを手伝ったりするなど、思いやりのある姿がみられる。

P103_06
●リーダー的な役割を果たす

活発な性格で、多くの友達と円滑な関係を築く。集団遊びの際には遊びに入れない友達を積極的に誘うなど、リーダー的な役割を担っている。

P103_07
●アイデアを出して解決の道を探る

友達が困っている姿によく気が付き、気持ちに寄り添う。困った時にはアイデアを出して解決の道を探ろうとしている。

P103_08
●当番活動を積極的に行う

うさぎやぶんちょうなど小動物の世話や食事の準備など、当番活動にすすんで取り組み、最後まで行う姿がある。

P103_09
●自分から水やりを行う

夏野菜の世話では、水を入れたじょうろの重さに苦労しながらもプランターまで運び、自ら水やりを行う姿がみられた。

第4章 文例 保育の展開と子どもの育ち 人間関係

P104_01
● 自発的に必要な行動を行う

バラバラになっていた友達の靴に気付いて、1足ずつそろえるなど、周りをよく見ていて、自発的に必要な行動をしている。

P104_02
● 園の行事に積極的に参加する

作品展ではすすんで製作アイデアを出すなど、園の行事に積極的に参加し、工夫して一生懸命に取り組んでいる。

P104_03
● 行事の練習を試行錯誤しながら行う

マーチングでは大太鼓に挑戦し、どうすればよい音でリズムよくたたけるかを試行錯誤しながら、積極的に友達を練習に誘って取り組む姿がみられた。

P104_04
● 劇遊びでは役割を理解して主体的に取り組む

劇遊びなど、人前での発表は緊張することもあるが、せりふをはっきり言うなど必要な役割を理解し、主体的に取り組んでいた。

P104_05
● 動物の世話を行う

園で飼育しているうさぎやかめなどの動物に関心をもち、どうすれば元気でいられるかなどを友達と話し合って考え、丁寧に世話をやり続けていた。

P104_06
● 野菜の世話をする

野菜栽培では、生長を観察する中で、水をやったり雑草を抜いたりと、必要に応じた世話を続け、収穫時に大きな達成感を味わっていた。

P104_07
● 経験を重ね、自信をもって活動に取り組む

初めての活動に対して慎重だったが、自分なりに工夫しながら経験を重ねることで理解し、自信をもって取り組むようになっている。

P104_08
● 様々なことに意欲的になる

生活面での経験を積み重ね、くじけることが少なくなってきた。興味の幅も広がり、運動や製作など意欲的に取り組む姿がみられる。

P104_09
● 雑巾がけを意欲的に行う

廊下の雑巾がけでは、きれいになる気持ちよさを経験し、端まで拭いて達成感を味わう姿があった。

10の姿　協同性

P105_01
● 友達との遊びを深めていく

気の合う友達と一緒に、大型の積み木を積んだり並べたりすることを楽しむ。自分のイメージと友達の考えた物を組み合わせたり、部分的にまねたりと、工夫して作っている。

P105_02
● 得意な遊びを通して関わりを深める

パズルブロックを組み合わせて恐竜や虫などを作ることを好む。作り方を教えたり、イメージを共有して作ったりすることで、友達と一緒に遊ぶ姿が増えた。

P105_03
● 友達と共通のテーマで絵を描く

友達と遠足で行った動物園での思い出や、散歩で見た消防車の話などをしながら、イメージを共有し、共通のテーマで絵を描くことを楽しんでいる。

P105_04
● 完成イメージを友達と共有し準備や製作をする

夏祭りのおみこし作りでは、海の生き物をテーマに班やクラスの友達と話し合って完成のイメージを共有しながら、準備や製作をすすめていた。

P105_05
● 話し合いを通じ、イメージを共有する

ブロック遊びでは友達と話し合うことでイメージを共有するようになり、協力し合いながら、立体的な家を作り上げる姿があった。

P105_06
● 一緒に作り上げる達成感を味わう

カレーライス作りを通し、友達と一緒に作り上げる楽しさを味わい、達成感をもつ姿があった。

P105_07
● 協力して製作を行う

段ボール箱やラップ芯などを使い、友達と一緒に家を作って遊ぶことを楽しむ。表面に絵を描いたり、布を付けたりするなど、自分達のイメージを十分に発揮して製作を行っている。

P105_08
● 相談をしながら遊びを発展させる

友達と相談しながら用具を組み合わせて、サーキットを作るなど、遊びを発展させることを楽しんでいる。

P106_01
● 友達の意見を聞き、考える

クラスでの話し合いでは、積極的に発言をしたり、友達の考えを聞いて、意見を受け入れて考えようとしたりしている。

P106_02
● ダンスの練習で、友達の姿を認めたり助言を行ったりする

地域の祭りで披露するダンスの練習では、友達の姿を見て、どこがどういうふうによいか、どうすればもっとよくなるのかなど、認め合ったり助言し合ったりする姿があった。

P106_03
● 班の友達と協力して活動する

園外保育などの班活動では、班の友達と計画を話し合ったり、準備の確認を行ったりして、共通の目的をもって活動をすすめている。

P106_04
● 友達と、お互いのよさを生かして活動に取り組む

お店ごっこなど班ごとの活動では、自分の知っていることや友達の得意なことを、伝え合ったり生かしたりして、役割分担して取り組んでいる。

P106_05
● 一緒に好きな遊びに取り組む

砂場遊びや泥遊びが好きで、友達数人と一緒に大きなトンネルを作ったり、根気よく泥団子を作り上げたりしている。

P106_06
● 友達と再現遊びをする

ままごと遊びを好み、経験したことや見たことを再現しながら友達と役割を決めて遊んでいる。

P106_07
● 力を合わせて演奏を楽しむ

発表会に向けての合奏の取り組みでは、友達と簡単な振り付きでカスタネットを鳴らそうとするなど、演奏を楽しむ姿があった。

P106_08
● 友達とリズムを合わせて演奏する

発表会では小太鼓を担当し、大太鼓やシンバル担当の友達と一緒に、リズムを合わせて演奏に取り組んでいた。

P106_09
● 友達と一緒に楽器を楽しむ

鍵盤ハーモニカを好み、友達に演奏して聴かせたり、相手の演奏に合わせて歌ったりして、一緒に楽しむ姿がみられた。

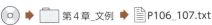

P107_01
● イメージを共有しようと働きかける

「クラスの共通の思い出を絵に描きたい」と提案し、共感を得るなど、イメージを共有する働きかけや、実現に向けた行動をしている。

P107_02
● 同じ目標をもって活動しようとする

発表会の劇遊びについてグループで話し合った際は、どのようにしたらお客さんが驚くかなど、自分の意見やアイデアを率先して友達に伝え、同じ目標をもって活動しようとしていた。

P107_03
● 意見を出し合い、協力して製作をする

発表会の劇で使う背景作りでは、友達と意見を出し合いながら、大きな模造紙に協力して絵を描くなど、グループでの活動を楽しんでいた。

P107_04
● 劇遊びをみんなで作り上げ、やり遂げる

劇遊びでは、楽しい劇にするにはどうしたらよいかを話し合いながらすすめる中で、1つのものをみんなで作り上げ、やり遂げる充実感を味わっていた。

P107_05
● 運動会の作戦を話し合う

運動会競技の綱引きでは、どうすれば勝てるかをクラスの友達と一緒に考えて練習に取り組み、やり遂げた達成感を共有した。

P107_06
● 友達の意見を尊重し、折り合いをつける

班で何かを決める時は、自分の思いを話すとともに友達の意見を聞き、納得できるものを選ぶなど、話し合いに前向きに参加している。

P107_07
● 意見を出し合い、円滑に活動をすすめる

おばけ作りの話し合いでは、友達の意見を聞いて賛同したり、前向きな意見を言ったりして、活動をすすめる姿があった。

P107_08
● 目標や完成について話し合い取り組む

大型ブロックの組み合わせを工夫して、「人が乗れる乗り物を作りたい」という目標や完成のイメージについて、友達と話し合い、協力して取り組んでいた。

10の姿　道徳性・規範意識の芽生え

P108_01
- よいことと悪いことの判断がつく

園内で入ってもよい場所と入ってはいけない場所の判断がつき、年下の子どもに教えるなど、自主的に行動している。

P108_02
- 物事のよし悪しを判断し、行動する

友達を強い言葉で傷付けてはいけないなど、よいことと悪いことの判断がつき、気持ちを調整して行動している。

P108_03
- 自分の行動を抑えることができる

いつも元気で明るく、おもしろいことを言っては周りを楽しませる。帰りの会でもはしゃいでしまうこともあったが、保育士に声をかけられるとすぐに理解し、会に集中できるようになってきた。

P108_04
- 思いやりをもって関わる

落とし物を拾ったり、困っている友達を助けたりと、思いやりをもって人と関わっている。

P108_05
- 遊びの最中に友達を気遣う

ドッジボール中、ボールが当たり痛がっている友達を見て「ちょっとタイム」と遊びを止め、「大丈夫」と気遣う姿がみられた。

P108_06
- 周りを見て思いを調整する

給食のおかわりをよそう時、他に食べたそうな子がいれば少しにして他児の分を残すなど、周りを見て思いやりのある行動をとっている。

P108_07
- 人の気持ちを考えることができる

転んで泣いている子に駆け寄り、さすったりなぐさめたりするなど、友達の気持ちを考えて行動し、いつも笑顔で穏やかな姿がある。

P108_08
- 他児の物も大切にする

製作中の作品を所定の場所にしまう時、他の作品に触れないようそっと置くなど、他児の作品も大切に思い、気遣って扱う姿がみられる。

P109_01
● 年下の子どもの気持ちに寄り添いながら遊ぶ

異年齢でおにごっこをした時は、年下の子どもに対して優しく接し、手加減して追いかけるなど、気持ちに寄り添いながら遊んでいる。

P109_02
● 友達の手助けを自然に行う

クリスマスツリー作りでは、頂点の星をなかなか貼れない友達を手伝うなど、他児が失敗したりできないことがあったりすると、自然に手助けをしている。

P109_03
● 相手を優先して物事を決めることができるようになる

遊びを決める時、自分の主張だけでなく、友達の希望を優先することもできるようになった。

P109_04
● 気持ちを整理し、切り替える

リレーで負けた時は追い抜かれた子を責めるなど、感情的になってしまうこともあったが、相手の悲しそうな様子を見て自分の気持ちを整理したり、「もう1回やろう」と切り替えたりする力が身に付きつつある。

P109_05
● トラブルの解決に向けて提案を行う

友達同士のトラブルでは間に入り、「鉄棒やってから砂場に行こう」など、双方が納得できる解決法を考えて提案している。

P109_06
● 意見の不一致も受け入れるようになる

お店ごっこでは、友達とやりたいことの違いで言い合うこともあったが、自分の感情を出した後で、車が好きだという相手の思いを聞き入れ、乗り物やさんに取り組む姿があった。

P109_07
● 話し合いでトラブルを解決するようになる

ドッジボールやサッカーなどルールのある遊びを行う中で、友達と意見が合わずトラブルになることもあるが、話し合いで解決することができるようになってきた。

P109_08
● 遊びから、ルールや役割を学ぶ

お店ごっこで売る物を作ったり、買う側になったりすることを経験し、遊びのルールや役割を守ることを楽しむようになっている。

P110_01
● 遊びのルールを理解し、伝える

おにごっこなどの集団遊びでは、「10数えてから逃げる」などルールを理解してまとめ役となり、友達にわかりやすく説明して、遊びを展開させている。

P110_02
● ルールを共有し、守ろうとする

ぶらんこを並んで待つという約束が守れていない友達に対して、並ぶよう伝えるなど、ルールを守ろうとする姿がみられる。

P110_03
● 責任感をもち、当番活動を行う

給食当番では、こぼさないようによそい方を工夫するなど、自分なりにやり方を考え、決められたことに最後まで真面目に取り組んでいる。

P110_04
● 役割に使命感をもつ

当番でカレンダーをめくる係になった週は、登園後すぐに行うなど、役割に使命感をもち、主体的に取り組む姿があった。

P110_05
● 生活の中できまりを守る

朝の準備を終えてから遊ぶ、昼食後は歯を磨くなど、生活の中のきまりを理解し、守ることができる。

P110_06
● 時間やタイミングで活動を切り替える

パズルブロック遊びを好み、没頭して取り組むが、終わる時間になると保育士の声を聞いて切り上げ、次の活動へ向かうことができるようになっている。

P110_07
● 交通ルールを守る

園外を散歩する時は、道路の白線を意識して歩いたり、信号の色を見て横断歩道を渡ったりする。積極的に交通ルールを守り、それを友達に伝える姿もある。

P110_08
● 共有物を大切にする

砂場遊びで使うスコップは砂を落としてから片付けるなど、みんなで使う物をきれいに使おうとしている。

P110_09
● 遊具の安全な使い方を理解し、伝える

園庭にある遊具の安全な使い方や遊び方を理解し、ルールを守っていない友達や年下の子どもがいたら伝える姿がある。

10の姿　社会生活との関わり

P111_01
● 自主的に挨拶を行う

園の来客や、散歩の途中で会った人に、「おはようございます」や「こんにちは」など、場面に合った挨拶をすすんで行っている。

P111_02
● 兄弟を大事に思う

同じ園にいる2歳下の弟を大事に思い、生活や遊びの様子を気にかけ、担任に聞く姿がある。また、弟の様子を迎えに来た保護者にうれしそうに報告している。

P111_03
● 家族を大切に思う機会が増える

敬老の日に向けての製作活動や交流会を通し、自分のおじいちゃんやおばあちゃんの話をする機会や、大事に思う気持ちを表現することが増えている。

P111_04
● 小学生と関わりながら頼もしさや憧れを感じる

小学生との交流では、どんぐりを使ったやじろべえ作りに取り組み、どんぐりに穴を開ける、バランスを取りながらつなげるといった難しいところは手を借りるなど、頼もしさや憧れを感じながら交流を楽しんでいる姿がみられた。

P111_05
● 中学生との交流を経験する

職業体験の中学生との交流で、年の離れたお兄さんやお姉さんとの触れ合いを楽しんだ経験を通し、年下の子どもに優しく関わるようになってきた。

P111_06
● 地域の人との交流を楽しむ

何事にも興味を示し、好奇心旺盛で、地域の人を招いての餅つき会などの行事にも喜んで参加し、交流を楽しんでいる。

P111_07
● 高齢者をいたわる

高齢者との交流会では、足が痛そうな高齢者に「大丈夫ですか」と声をかけるなど、積極的に関わろうとする姿があった。

P111_08
● シニアボランティアとの交流を楽しむ

シニアボランティアに教えてもらったことをきっかけに、こま回しに興味をもち、「次に会った時に見せたい」と繰り返し練習して、一人で回せるようになっている。

P112_01
●小学校生活に憧れをもつ

小学校との合同活動で、小学生が着席して授業を受ける姿を見て、自分たちの園生活との違いを感じ、憧れをもっている。

P112_02
●保育士の仕事に興味や憧れをもつ

保育士に対する憧れがあり、そばでよく観察している。「先生○○しているの」など保育士との会話を楽しみ、手伝いを積極的に行っている。

P112_03
●消防士の仕事に興味や憧れをもち図鑑や絵本で調べる

消防・避難訓練を通して、来園した消防士の仕事に興味や憧れをもち、図鑑や絵本で調べたり、ごっこ遊びを楽しんだりする姿がみられた。

P112_04
●農家の仕事に親しみや興味をもつ

園の近くの農家の人に、野菜の植え方を教わったことをきっかけに、畑の仕事や作物に興味をもち、園の畑の水やりを率先して行っていた。

P112_05
●様々な職業に興味をもつ

商店街見学で様々な職業の人と接したことをきっかけに、園の来客などについて「あの人のお仕事は何」など興味をもち、保育士にたずねる姿がある。

P112_06
●住んでいる地域に関心をもつ

地域のお祭りを見に行き、本物のおみこしを近くで見た経験から、自分の住んでいる地域に関心や親しみをもつようになっている。

P112_07
●伝統的な行事に関心をもつ

年賀はがきの製作など、お正月の準備を通して日本の伝統行事に関心をもち、こまや羽根つきなどの遊びにも積極的に取り組んでいた。

P112_08
●人の役に立つことにうれしさを感じる

公園のごみ拾い活動では、「きれいになったね」と地域の方に感謝され、人の役に立つうれしさを感じる様子がみられた。

P112_09
●外国の人に興味をもつ

散歩で出会った外国人と手を振り合ったことを喜び、「どこの国の人かな」と興味をもつ姿があった。

P113_01
● 調べたことを友達に伝える

家族で行った動物園にいたチーターに興味をもち、図鑑で調べたことを友達に話している。

P113_02
● 知っていることを伝える

シニアボランティアに正月飾りについて質問をしたり、鏡餅やお年玉など自分の知っていることを友達や保育士に伝えたりと、伝統行事に対する興味・関心を膨らませている。

P113_03
● 社会の出来事に興味や関心をもつ

野球の国際試合など、保育士が話すスポーツニュースの話題に興味や関心をもち、自分が知っていることを友達に話したり、関連する絵本を見たりしている。

P113_04
● 見つけたり調べたりした情報を友達と伝え合う

電車が好きで、散歩中に知らない車両を見たら図鑑で調べたり、同じ興味をもつ友達と見つけた電車を伝え合ったりしている。

P113_05
● 国旗に興味をもつ

家庭でサッカーの国際試合を見たことから国旗に興味をもち、園で国旗の絵本を見ながら友達と当てっこゲームをしている。

P113_06
● 公共のマナーを意識する

クラスで図書館に行った際、他児と「静かにするんだよ」と声をかけ合いながら、公共の場でのマナーを意識する様子がみられた。

P113_07
● 散歩のマナーを知り、共有する

園外の散歩を通じて、交通ルールや、散歩のマナーを知り、それらを友達と共有しようとする。「人が来たよ」と注意を促し、ぶつからないよう気遣う姿がみられた。

P113_08
● 公共の施設を大切に使おうとする

遠足前に、行き先の森林公園にある遊具の使い方や過ごし方などを、話し合ったり確認したりしたことで、当日は公共の施設を大切に使おうとする姿がみられた。

P113_09
● 遊具をきれいに使おうとする

すべり台に乗る前に靴の泥を落とすなど、公園の遊具をきれいに使おうとしている。

文例 保育の展開と子どもの育ち

5領域 環境

10の姿　思考力の芽生え

P114_01
- 水を通さない性質に気付く

ポリ袋の、水を通さないという性質に気付き、砂場に水をためる時に活用する姿があった。

P114_02
- 身の回りにある物の性質を生かして遊ぶ

鉄棒に縄跳びの縄を結んでぶらんこにしたり、えんどう豆のさやを顔に貼ったりするなど、身の回りにある物の形や性質を生かして遊びを工夫して楽しんでいる。

P114_03
- ブロックの組み立て方を工夫する

ブロック遊びでは、パーツの組み立て方を工夫して、イメージした乗り物などを作って楽しんでいる。

P114_04
- イメージを形にするため工夫する

積み木の形の違いや重ねる数による高さの変化に気付き、工夫して積み重ねて、玉を転がす傾斜を作るなど、自分がしたいことを形にするために試行錯誤を重ねている。

P114_05
- 自然物の特性や性質を感じる

砂場や園庭で砂や土などに触れて遊ぶ中で、水を加えて強く押さえると固まるなど、素材の特性や性質を体得し、トンネルや泥団子を作って楽しんでいる。

P114_06
- はさみの使い方を工夫する

はさみを使う活動では、紙を持つ手を動かすと切りやすいことに気付き、よりまっすぐに切ったり、細く切ったりと工夫して、色画用紙でラーメンを作って楽しむ姿があった。

P114_07
- よく飛ぶ紙飛行機の折り方を考える

紙飛行機を遠くに飛ばすためにはどのような折り方がよいかを自分なりに考え、細かく折ってみるなど試したり、工夫したりしている。

P115_01
● 探究する楽しさを味わう

色水遊びでは、自分が出したい色と絵の具の量のバランスについて、繰り返し試行錯誤を行い、探究する楽しさを味わっている。

P115_02
● 目的に向かって意欲的に試行錯誤する

製作活動では「水に浮く船を作る」という目的に向かって、発泡スチロールや空き缶など様々な素材を試し、意欲的に取り組む姿がある。

P115_03
● イメージを形にするために考える

製作活動では、イメージしたことを形にするため、素材選びを工夫する姿がある。

P115_04
● 天気や気候を外の様子を見て予測する

「空が灰色だから雨が降りそう」「木が揺れているから風が強そうだね」など、外の様子を見て、天気の変化や気候を判断している。

P115_05
● 物の性質に気付く

こま製作では、回っている時にこまの色の見え方が変わるおもしろさに気付き、表面に色を塗ったり線を描いたりなど、デザインを工夫し、何度も回して変化を楽しむ姿があった。

P115_06
● 曜日と日付を理解する

カレンダー製作を通し、曜日と日付を理解したことで、「今日は水曜日」「15日にいとこが来る」など、生活との関連に気付いて話す。

P115_07
● 調理器具の機能を理解する

カレーライス作りでは、調理道具に興味をもち、包丁で切る、木べらで混ぜるなど機能を理解して、安全に気を付けながら使う姿があった。

P115_08
● 因果関係や規則性に気付く

「暑い日はプールの水がいつもより温かくなるよ」と話すなど、物事の因果関係や規則性に気付く様子がよくみられた。

P115_09
● 光を通す性質に気付く

セロハンを通すと影に色が付くことに気付き、クリアファイルにたくさん貼ったり、何枚も重ねたりして光遊びを楽しんでいる。

第4章 文例 保育の展開と子どもの育ち 環境

●なぞなぞやクイズに興味をもつ

なぞなぞやクイズなどに興味や関心をもつ。自分なりに工夫してアレンジを加えたお題を、保育士や友達に出して楽しんでいる。

●手紙を書こうとする

自分の気持ちを伝えられるという手紙の性質に気付き、内容を工夫し、書こうとしている。

●友達の作品との違いに気付く

ブロック遊びでは、自分と友達で組み立て方が違っていることに気付き、友達に聞きながら試行錯誤する姿がある。

●水の流し方を試行錯誤する

砂場に作った川の水の流れ方が、水の入れ方で変わることに気付き、より速い流れにしようと友達とアイデアを出し合い、水の量や勢いを試行錯誤する姿があった。

●友達の製作物にヒントを得る

傘袋を使ったロケット作りでは、友達の作った物を見て、空気をしっかり入れると長く飛ぶ、パーツを両面テープで貼ると丈夫に作れるといったことに気付き、取り入れていた。

●経験したことや見たことを遊びで再現する

商店街見学で経験したことをごっこ遊びに取り入れ、再現しようと素材の使い方を工夫し、友達とアイデアを出し合って楽しむ姿がある。

●理解したことを伝える工夫をする

高おになどの集団遊びでは、ルールをいち早く理解し、まとめ役となる。ルールの理解が難しい友達には、わかりやすい伝え方を考え、例を出すなど工夫する姿があった。

●友達の製作物を参考にしたり助言をしたりする

友達の製作物を見て参考にし、よりよい物を作ろうとしたり、友達に助言を行ったりする。

●自分と異なる考えに気付く

班活動での話し合いを重ねたことで、自分と違う意見を知って、受け入れたり考え方を変えたりするようになってきた。

10の姿　自然との関わり・生命尊重

P117_01
● 自然物の感触を好む

公園に行くと、木登りや木の実探しなど、自然物の感触を味わう遊びに夢中になっている。

P117_02
● 戸外の探索を楽しむ

戸外では、高い木を見つけたり穴を掘ったりなどの探索活動を楽しむ。様々なことに興味を示し、図鑑で調べたり、保育士や友達に伝えたりし、発見の喜びを味わっている。

P117_03
● 身近な動植物に興味や関心をもつ

園にある花や飼っているざりがになど、身近な動植物に対する興味や関心が強い。細かな所まで観察しては特徴を図鑑で調べたり、動植物を扱った絵本を読んだりする姿がある。

P117_04
● 自然物に触れ、観察する

雑木林の散歩では、どんぐりや落ち葉などの自然物に興味をもち、拾って形や色、大きさの違いを観察して楽しんでいる。

P117_05
● 自然物を遊びに使って親しむ

自然物を使った遊びを好む。散歩先の公園で草花や枝などを使ってままごとをしたり、身近な虫を図鑑で調べたりして親しんでいる。

P117_06
● 氷の厚みの違いに興味をもつ

園庭の氷を比べて場所により厚みが違うことに興味をもち、気温や日光など、自分なりに理由を考え、友達に伝える姿があった。

P117_07
● 自然物の不思議さや美しさを感じる

葉っぱにはいろいろな種類があり、形や色、大きさが違うことに気付き、集めては友達に見せるなど、不思議さや美しさを感じている。

P117_08
● 自然物の特性や性質に気付く

どんぐりやまつぼっくりを使っての製作遊びを行う中で、固い、割れやすい、ツルツル、ザラザラといった特性や性質に気付き、保育士に伝える姿がある。

● 四季の変化を見つける

自然物に関心があり、草花の成長や変化をよく観察している。園庭の木々の葉っぱが増えた、茶色くなったなど四季の変化を見つけては触れたりして楽しんでいる。

● 自然の変化や脅威に気付く

台風が来る前は空が暗くなる、風が少しずつ強くなる、台風が去った後は葉っぱがたくさん落ちているなど、自然がもたらす変化や脅威に気付く姿がみられる。

● 自然の事象と生活との関わりを理解する

「天気がいいと暖かいね」「風が冷たいから風邪ひくね」など、自然の事象と生活の関わりを理解し、友達に話している。

● 冬の気候がもたらす自然物の変化に興味をもつ

冬は霜が降りたり、水たまりに氷が張ったりすることを楽しみ、寒いと水が凍ることに興味をもつ姿がある。

● 気温の変化に興味をもつ

暑い日は友達と、「木の下は涼しい」「日の当たる門の所は暑い」など園内の涼しい場所や暑い場所を探究心をもって探す姿があった。

● トマトを栽培する

自然への興味や関心が強く、トマトの栽培では、大きく育ってほしいという気持ちをもって、観察や水やりを率先して行い、収穫の達成感を味わう姿があった。

● 植物の生長に気付く

クラスで栽培していた花や野菜に、水をやるなどの世話をすすんで行った。植物の背丈が伸びた、つぼみができたなど、いち早く生長に気付き、他児に伝えていた。

● 植物の生長と気候の関係を話す

「雨が降らないと植物が育たないんだよ」など、植物の生長と気候の関係に興味をもつ。

● 花瓶の花に興味をもつ

花壇の花に興味をもち、図鑑で調べたり、花びらをままごとに使ったりして楽しんでいる。

P119_01
●昆虫を飼って細かく観察を行う
昆虫に興味があり、見つけると虫眼鏡でじっくり観察する。夏にはかぶとむしを捕まえて飼う中で、形や動きを細かく見て楽しんでいた。

P119_02
●図鑑で調べ、知識を広げる
昆虫が好きで、園庭のどのあたりにどんな虫がいるのかを友達と一緒に探し、捕まえた虫を図鑑で調べながら知識を広げている。

P119_03
●生き物や昆虫を飼育し、観察する
クラスでざりがにやかぶとむしなど生き物を飼育すると、変化がないかを毎日観察し、気付いたことを友達に知らせたり、疑問に思ったことを保育士に聞いたりしている。

P119_04
●動物園の動物に興味をもつ
遠足で動物園に行った際は、ぞうを観察して、鼻を器用に使う様子や肌のゴツゴツした質感に気付き、興味をもつ姿がみられた。

P119_05
●生き物の動きに心を動かす
水族館で見た、たこのダイナミックな動きに興奮し、その驚きや発見を自由画などの表現活動につなげている。

P119_06
●生き物の観察や飼育を好む
生き物に対する興味・関心が高く、クラスで飼っているきんぎょやかめなど生き物の観察・飼育をすることが好きで、積極的に行う。

P119_07
●動物と自分の生活との関わりを知る
遠足で行った牧場で乳牛を見た経験から「牛乳は、うしさんが出してくれた物」という実感を得て、大切に飲むようになっている。

P119_08
●命をいただいていることを知る
食育の活動を通し、食べ物を食べるということは、命をいただいているということだと知る。

P119_09
●死んだ虫のお墓を作る
飼っていたくわがたむしが死んだ際は、花壇の端に埋めてあげようと提案するなど、命を大切にする姿があった。

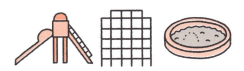

第4章 文例　保育の展開と子どもの育ち　環境

10の姿 数量や図形、標識や文字などへの関心・感覚

●数の認識が深まる
「たくさんある」から「5個ある」に発言が変化するなど、数の概念や認識が深まり、具体的に表現するようになっている。

●遊びで数の概念を理解する
すごろく遊びでは、さいころの目の数と、こまをすすめるますの関係を理解して、遊びを楽しんでいる。

●ゲームで数を活用する
輪投げの獲得点数を数え、友達と比べるなど、遊びの中で数字を活用している。

●遊びを通し、数の感覚を身に付ける
サッカーやリレーで、各チームが同じ人数になるように話し合うなど、数の感覚が身に付きつつある。

●必要な数の物を準備する
班の人数分、椅子やコップを用意するなど、数を意識しながら準備をするようになっている。

●大きさや重さを比べる
グリーンカーテンで育てたゴーヤーの収穫では、1番大きく重い物を見つけようと友達と比べ合ったり、並べて何本穫れたかを数えたりして楽しむ姿があった。

●必要な大きさを判断する
砂場遊びでは、水遊びやトンネル作りなど、その時にしたい遊びに合った大きさのバケツやスコップを選ぶ姿がある。

●陣取りゲームを楽しむ
陣地の広さをそろえようとしたり、チーム同士で人数を合わせたりと、数量や図形の概念を取り入れて陣取りゲームを楽しんでいる。

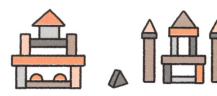

P121_01
● 自分が食べられる量がわかる

自分が食べられる量がわかるようになり、給食のおかずの量を見て「少なくして」や「多くして」などと伝えるようになっている。

P121_02
● 同じ量の感覚をつかむ

給食係の活動を通して、コップにお茶や牛乳を同じ量で注ぎ分けることができるようになってきている。

P121_03
● 時刻、曜日、日付の区別と関連がわかる

数字や文字に関心があり、保育室内の掲示を見て、生活に必要な時刻や曜日、日付の区別や関連がわかるようになってきている。

P121_04
● トランプのマークに興味をもって遊びを楽しむ

トランプのマークに興味をもって、よく記憶し、神経衰弱やカードゲームに喜んで取り組んでいる。友達と遊び、自信をもつことができ、何度も楽しむ姿がみられた。

P121_05
● あやとりでいろいろな形を作る

あやとりで遊ぶうちに、指を1本ずつ動かして紐を取ったり外したり、隙間に入れたりと、細かい指の動きをするようになる。いろいろな形を作って友達に見せることを楽しんでいる。

P121_06
● お散歩マップ作りで、標識や看板に意識を向ける

お散歩マップ作りを通して、園の周囲にある標識やお店の看板の文字に意識が向くようになり、友達に色や形の特徴を伝えたり、図鑑で意味を調べたりしている。

P121_07
● イメージする模様を折り染めで作ろうとする

折り染め遊びでは、どのような折り方をすれば自分のイメージする模様ができるか、試行錯誤を繰り返しながら取り組む姿があった。

P121_08
● 形をイメージして切り紙で遊ぶ

切り紙遊びでは、本を見てまねするだけでなく、自分なりに図形を描いて切り、イメージとの違いや形の変化を楽しんでいる。

P121_09
● 影絵遊びで動物の形を作る

影絵遊びを好み、手できつねやとりを作ったり、自分で考えたオリジナルの影絵を作ったりする姿があった。

P122_01
●ロッカーに付いている名前を読む

ひらがなに興味をもち、自分や友達のロッカーに付いている名前を読み上げたり、年下の子どもに絵本の読み聞かせを行ったりしている。

P122_02
●遊びの中で文字に興味を示し、読み書きを楽しむ

文字に興味を示し、かるた遊びですすんで読み手になったり、友達に手紙を書いたりするなど、遊びの中で読んだり書いたりすることを十分に楽しんでいる。

P122_03
●図鑑を通して文字を読めるようになる

動物が好きで、大きさや暮らしなど知りたいことを動物図鑑で調べるうち、文字を読むことができるようになってきている。

P122_04
●絵本や図鑑を繰り返し読む

絵本や図鑑を集中して見て、気に入った本は何度も繰り返し読む。また、どのような所がおもしろいかなど、友達に伝える姿がある。

P122_05
●クイズやなぞなぞを楽しむ

文字や数の出てくるクイズやなぞなぞを好み、保育士とヒントのやり取りを楽しみながら、意欲的に取り組む姿がある。

P122_06
●くじ作りで文字への関心が高まる

夏祭りでくじ作りをしたことをきっかけに文字への関心が高まり、張り切って「あたり」「はずれ」を書いたり、他の文字を読もうとしたりする姿がみられた。

P122_07
●看板や標識の漢字に興味をもつ

ひらがなを読み書きできることで、漢字にも興味をもつようになり、看板や標識などに漢字があると「何ていう字」と聞く姿がある。少し難しい漢字でも教えてもらうと読むことができるようになってきた。

P122_08
●行事を通し、文字に興味をもちはじめる

七夕の短冊に願い事を書いたことをきっかけに文字に興味をもち、熱心に練習をして友達や保育士に手紙を書く姿がある。

P123_01
● 自分の名前を書く練習をする

文字に関心をもち、自分の名前を書けるようになりたいと練習をしたり、名前以外の文字も少しずつ覚えて読み書きしたりしている。

P123_02
● 身近な人の名前を書くことに挑戦する

家族や友達の名前を書けるようになりたいという思いをもち、文字の向きや形を意識して「これで合ってる」と何度も保育士に確認しながら、書くことに挑戦している。

P123_03
● 家の人に伝えたいことを文字で書く

発表会の招待状や敬老の日のメッセージカード作りでは、家の人に伝えたいことを考えながら文字を書く姿があった。

P123_04
● 文字でのやり取りに興味をもつ

お便りや連絡帳に大切な事が書いてあることに気付き、その内容を知ろうと、読もうとしたり保育士や保護者に聞いたりしている。

P123_05
● 文字で手紙を書く

文字や数字に関心を示し、絵本や園便りなどを見て、いろいろな言葉を読んだり、覚えようとしたりしている。覚えたばかりの文字で手紙を書き、友達や保育士に渡すことを楽しむ。

P123_06
● 漢字や数字に興味をもつ

漢字や数字に興味をもち、自分の名前の漢字をまねて書いたり、自分で簡単な足し算、引き算の問題を作り、解くことを楽しんだりしている。

P123_07
● 楽しみながら文字や数字を使う

友達から聞いた言葉を文字にしたり、時計を見て時間を保育士に伝えたりするなど、生活の中で文字や数字を使うことを楽しんでいる。

P123_08
● 絵本の文字に興味をもつ

絵本に親しむ中で、文字に興味をもち、少しずつ読めるようになってきた。やさしい絵本を年下の子どもに読む姿がみられる。

P123_09
● 文字で思いを表そうとする

文字によって自分の思いが表せることに気付き、手紙に「だいすき」などと書いて、友達や保育士に渡す姿がみられた。

文例 保育の展開と子どもの育ち

5領域 言葉

10の姿　言葉による伝え合い

●絵本や会話を通じて語彙を増やしていく
絵本や保育士との会話などで、知らない言葉が出てくるとその意味を聞き、理解すると自分でも使うようになり、語彙を増やしている。

●色や形のイメージを伝える
物語に出てきたお姫様のドレスを、自分なりにイメージして、色や形を友達に言葉で伝える姿がある。

●得た知識を伝える
昆虫図鑑が好きで、文字や絵をじっくり見ながら、自分なりに得た知識を保育士に一生懸命に伝えている。

●みんなの前で発表する
劇遊びのストーリーの話し合いでは、自分の考えた筋立てを、みんなの前で堂々と発表する姿があった。

●友達と言葉遊びをする
しりとりをしたり、頭音が同じ言葉を言い合ったりと、友達と意欲的に言葉遊びを楽しんでいる。

●副詞や形容動詞の意味を聞く
絵本に出てくる「やっぱり」「なかなか」などの表現に着目し、意味を保育士に聞いたり、普段の会話でも使ってみようとしている。

●なぞなぞを考え友達と出し合う
なぞなぞを好み、本を見たり自分なりに考えたりしながら友達と出し合うことを楽しんでいる。

●反対語に興味をもつ
生活の中で出てくる反対語に興味をもち、「大きいの反対は」などクイズにして友達と出し合って楽しんでいる。

P125_01
●早口言葉を楽しむ
学習保育絵本で読んだ早口言葉を気に入り、スムーズに言えるよう何度も練習したり、言いづらい言葉をつなげて自分なりに早口言葉を作ったりして楽しんでいる。

P125_02
●絵本の感想を言ったり聞いたりする
保育士が読み聞かせした絵本の感想をみんなの前で話したり、他児の感想を聞き、それを受けて自分の意見を言ったりする姿がみられる。

P125_03
●思い出を具体的に伝える
遠足で動物園に出かけた時、「かばを見に行ったら、ザザーッと水の中にもぐって、ずっと出てこなかったよ」など、自分の言葉で具体的に伝える姿があった。

P125_04
●体験をわかりやすく伝える
「今日のシャツは○○デパートで買ってもらったの」など、自分の体験をわかりやすい言葉で話し、保育士や友達と会話を楽しんでいる。

P125_05
●休み中の出来事を話したり友達の話を聞いて理解したりする
家族旅行で海に出かけたことなど、休み中の経験や出来事を話したり、友達の話を聞いて自分なりに理解したりしている。

P125_06
●経験したことを言葉で伝える
「日曜日に公園でお兄ちゃんと遊んだ」など、経験を言葉で詳しく伝えようとしている。

P125_07
●少しずつ気持ちを言葉にできるようになる
気持ちを言葉にすることが苦手で、いらだつ姿もあったが、少しずつ順序立てて話すことができるようになってきている。

P125_08
●ゆっくりと自分の言葉で話すようになる
会話の途中で焦ってしまい、言葉が途切れることがあるが、保育士に「ゆっくりでいいよ」と励まされると、自分の言葉で話している。

P125_09
●安心して気持ちを話すようになる
友達の会話のペースに入れず、言いたいことを我慢してしまうことがあったが、保育士に「話していいんだよ」など安心できるような声をかけられ、徐々に話せるようになってきている。

P126_01
● わかりやすく気持ちを言う

気の合った友達とアイドルごっこを楽しむ中で、「うれしい」「見にきてほしい」など、自分の気持ちを言葉にして、他児にわかりやすく伝える姿がみられた。

P126_02
● 自信をもって発言するようになる

当番活動や挨拶など、友達の前で発言する経験を重ねたことで、自信をもって積極的に発言するようになってきている。

P126_03
● クラスのみんなに意見を伝える

クラスのみんなで話し合う場では、積極的に手を挙げ、自分の意見が伝わる言葉を考えながら、落ち着いて話すようになってきている。

P126_04
● 思いを話したり、聞いたりする

けんかの場面での話し合いでは、保育士や友達に自分の思いを話すとともに、相手の話も聞くことができるようになってきた。

P126_05
● 言葉で思いを伝える経験を積む

困ったことがあると態度で表現していたが、様々な行事や活動を通じ、友達と言葉のやり取りを重ねたことで、自分の思いを言葉で伝えることができるようになってきている。

P126_06
● 対話を通してルールを伝えられる

間違ったことをしたり、ふざけたり、ルールを守らなかったりする友達に対して、何がよくないと思うかを自分なりの言葉で伝える姿がある。

P126_07
● 困っている理由やしてほしいことを言う

水筒が見当たらずに困っている時、声をかけてくれた友達に、理由や探してほしいことを言葉で伝えていた。探すのを手伝ってくれた相手に「ありがとう」とお礼を言う姿もみられた。

P126_08
● 言葉で考えを伝える

いつも笑顔で友達と接し、お店ごっこの班活動では、友達がやりたいお店を聞きながら自分がやりたい活動も言葉で表現して話し合い、一緒にクレープやさんを楽しんでいた。

P127_01
● 友達の困っていることを聞ける

困っている友達がいると「どうしたの」と声をかけ、理由や思いを聞いたり自分の意見を伝えたりして、一緒に解決しようとしている。

P127_02
● 友達の困っていることを聞き、伝える

クラスや年下の子どもが困っていると必ず声をかけ、「大丈夫だよ」と励ましたり、そのことを保育士に言葉で説明したりしている。

P127_03
● 気持ちに寄り添う言葉をかける

友達の姿を見て、うれしい、悲しい、悔しいといった感情を感じ取り、「よかったね」「どうしたの」など気持ちに寄り添った言葉をかけて共感する姿がある。

P127_04
● 相手の立場に立った言葉をかける

年下の子どもが遊びを切り上げられずにいると、「片付けが済んだらおやつだよ」など、見通しをもてる言葉をかけるなど、相手を思いやった関わりをしている。

P127_05
● 年下の子どもの質問に答えようとする

異年齢保育では、年下の子どもからの質問に積極的に答えようとする。また、活動の内容など保育士の話を聞いて理解し、周りに伝えている。

P127_06
● 話すことに夢中になっても、相手の話も聞ける

保育士や友達に、思っていることを自分なりの言葉で伝えている。時折、自分の話に夢中になり過ぎることもあるが、相手が話しはじめると、聞くことができている。

P127_07
● 聞くことも話すことも楽しむ

保育士の話を理解して行動することに達成感をもち、うなずきながら聞く姿がある。絵本の読み聞かせを聞くことを好み、内容を覚えて口にするなど、言葉にすることも楽しんでいる。

P127_08
● 疑問を質問し、やり取りを楽しむ

好奇心旺盛で、生活や遊びの中でわからないことや疑問に思ったことを保育士に積極的に質問し、言葉のやり取りを楽しんでいる。

P127_09
● 相手にわかるように説明する

「門の後ろに氷が張っていたよ」など、相手にわかる言葉で場所を説明する姿があった。

第4章 文例 保育の展開と子どもの育ち 言葉

文例 保育の展開と子どもの育ち

5領域 表現

10の姿 豊かな感性と表現

P128_01
- 身近な人の姿を描く

絵を描くことを好み、両親や友達など身近な人の姿を、クレヨンや絵の具を使って楽しみながら表現している。

P128_02
- 物語の世界を絵に描く

絵を描くことが好きで、物語や絵本の世界をイメージを膨らませたり、色合いを工夫したりして、伸び伸びと描くことを楽しんでいる。

P128_03
- じっくりと観察して
  伸び伸びと絵画製作を楽しむ

さつまいもの絵画製作では、クレヨンで隙間なく色を塗り、ひげなど細かな部分も描くなど、じっくりと観察を行ったうえで、伸び伸びと表現を楽しんでいる。

P128_04
- 友達の姿を見て、表現を発展させる

作品展の等身大自画像の製作では、友達の作品に刺激され、毛糸を髪の毛にしたり服の模様を細かく描いたりと、表現を発展させていた。

P128_05
- イメージを膨らませて
  絵を描くことができるようになる

絵画活動では、描き出しに時間がかかっていたが、保育士と話してイメージを膨らませることで、自分なりに取り組めるようになってきた。

P128_06
- 絵や文字に気持ちを込める

絵や文字を書くことが好きで、メッセージに加えて似顔絵も描いたり、色鉛筆やカラーペンを使って飾ったりした手紙や製作物を、友達や保育士にプレゼントしている。

P128_07
- 手作り絵本を作る

絵を描くことが好きで、自分が考えたストーリーの絵本を、色合いや配置を工夫しながら、手作りすることを楽しんでいる。

P129_01
● 手先を使って丁寧に製作を行う

折り紙では端同士を合わせて折る、粘土では細かいパーツまで作るなど、時間をかけて集中しながら、丁寧に製作を行う姿がみられる。

P129_02
● 自然物を使い、見立て遊びをする

公園では落ち葉や枝を集め、地面に鍋を描いて、「お鍋パーティー」と見立てるなど、自由な発想で表現を楽しんでいる。

P129_03
● 身近な素材で作った物を遊びに活用する

画用紙やリボンなど身近にある材料を生かして髪飾りや腕輪などを作り、できた物を身に着けてダンスやごっこ遊びを楽しんでいる。

P129_04
● 様々な素材を組み合わせて製作を行う

動物園で見たくじゃくの羽の鮮やかな色合いに着目し、色画用紙とカラーポリ袋で作るなど、いろいろな素材を自分なりに組み合わせることで発想力豊かに表現している。

P129_05
● 廃材を使って製作をする

広告紙やラップ芯など廃材を使い、友達と力を合わせて大きな飛行機作りに挑戦している。また、一度作った物をさらに改良するなど、イメージにより近づける工夫も行っている。

P129_06
● 友達と一緒に歌やダンスを楽しむ

人気アイドルをイメージして飾りを作ったり、友達と一緒に歌やダンスを楽しむなど、好きなことや興味あることに意欲的に取り組み、遊びを発展させて楽しんでいる。

P129_07
● 発表会のダンスを伸び伸びと踊る

発表会のダンス練習で、リズムに合わせて体を動かす楽しさを感じ、友達の見本となって踊ったことで自信をつけた。本番では、舞台の1番前で伸び伸びと踊る姿があった。

P129_08
● ダンスを楽しめるようになる

ダンスの振り付けに戸惑う様子もあったが、保育士が左右を知らせたり声に出してカウントしたりするうち、次第に本児も動きを楽しみながら踊れるようになってきた。

P130_01
● 意欲的に演奏の練習をする

発表会では木琴をリズムに合わせて演奏することを楽しみ、意欲的に練習を行っていた。本番では自信をもって堂々と合奏に取り組む姿がみられた。

P130_02
● 友達と一緒に楽器を楽しむ

楽器に自由に触れられる環境があると、リズム楽器やメロディー楽器を友達と一緒に鳴らし、イメージを共有して楽しんでいる姿がみられる。

P130_03
● マラカス作りで素材による音の違いを楽しむ

マラカス作りでは、ペットボトルの中に入れる物で音が変わることに気付き、どんぐり、小石、ビーズなど素材による音の違いを楽しんでいる。

P130_04
● 楽器の音の違いを楽しむ

木琴、ハンドベル、鍵盤ハーモニカなど様々な楽器の音の違いを感じ、自ら触れて音色を楽しむ姿がある。

P130_05
● 鍵盤ハーモニカを練習し、表現を楽しむ

保育士が弾くオルガンに憧れを示し、鍵盤ハーモニカを繰り返し練習し、「チューリップ」などの曲を友達に聞かせることを喜んでいる。

P130_06
● 歌うことを楽しみにする

朝の会で歌う「今月の歌」を楽しみにし、早く覚えたいと意欲的に取り組む姿があった。自由遊びの時間にも、友達と声を合わせて歌って楽しんでいる。

P130_07
● 輪唱を歌ったり教えたりする

「かえるのがっしょう」など輪唱曲のハーモニーを楽しみ、友達と一緒に歌ったり、年下の子どもに教えたりする姿がみられた。

P130_08
● 様々な素材の音探しをする

音探しの活動では、空き缶をたたいたり片段ボールをこすったりすると、いろいろな音が出ることに気付き、オリジナルの楽器を作って楽しむ姿があった。

P130_09
● 友達と一緒に歌を楽しむ

歌に消極的だったが、友達と一緒に取り組むうち、楽しんで歌うようになってきた。

P131_01
● 劇遊びに意欲的に取り組む

劇遊びでは、友達とリズムに合わせて体を動かしてダンスを踊ったり、よく通る声でせりふを言ったりと、表現することを意欲的に楽しむ姿がみられた。

P131_02
● 劇遊びで演じることを楽しむ

生活発表会に向けた劇遊びでは、自分で考えたせりふで演じることに喜びを感じ、イメージを言葉や動きで表現し、友達と一緒に楽しんでいた。

P131_03
● せりふや振り付けを考える

劇遊びでは、ストーリーに合わせて自分が考えたせりふをみんなに伝えたり、振り付けを友達と考えたりと、表現することを楽しんでいる。

P131_04
● 劇遊びで、表現力豊かな姿をみせる

劇遊びの練習では、ストーリーや役のイメージをせりふの言い方や動きで豊かに表現する姿がみられた。本番では役になりきって演じていた。

P131_05
● 役割を決めてごっこ遊びを楽しむ

人形遊びやままごと遊びが好きで、絵本のストーリーからイメージを広げ、友達と役割を決めて言葉のやり取りをしたり、なりきったりして、表現を楽しむ姿がある。

P131_06
● 道具や素材を工夫してままごと遊びをする

ままごとを好み、園や家庭で見たり経験したりしたことを、園にある道具や素材を工夫して再現しながら、友達と役割を決めて遊んでいる。

P131_07
● 身近な大人を見て、再現遊びをする

椅子を並べて先生ごっこをしたり、健診を受けた後はお医者さんごっこをしたりするなど、生活の中で見て気付いたことを自分なりに表現し、なりきって遊ぶことを楽しんでいる。

P131_08
● 遠足で見た大人の姿を再現して遊ぶ

遠足後はバスの運転士やいるかのトレーナーになりきるなど、経験したことや見たことを伝え合い、再現しながら、友達と役割を決めて楽しんで遊んでいる。

P131_09
● 本物らしくなるよう工夫する

作品展製作では、たてがみが本物らしくなるよう毛糸を活用し、ライオンを作る姿があった。

文例 気になる子

P132_01
●大きな声で気持ちの発散をする

我慢した気持ちを、大声で発散することがあった。自分の思いを言葉で伝えるように保育士が話すと、そのような姿は減っていった。

P132_02
●気持ちの高揚を体で表現する

興奮すると、室内で大きな声を出したり走り回ったりすることがある。保育士が本児の気持ちを受け止めた上で、危険な行為であることを伝えると、少しずつ理解する姿がみられた。

P132_03
●活動の切り替えが難しい

集中すると、活動の切り替えが難しい時もあるが、保育士が前もって活動の流れを伝えることで、本児は見通しがもて、切り替えやすくなる。

P132_04
●大勢の人がいる場所が苦手

大勢の人がいる場所が苦手で、大きな声を出すことで思いを表す。その場合は落ち着ける場所に移動すると、活動が継続できる。

P132_05
●友達との会話についていけない

友達との会話についていけない面があるが、保育士が仲立ちして、互いに相手の話を聞くことで、本児の会話を楽しむ姿が出てきている。

P132_06
●大きな声や音に不安を感じる

大きな声や音に不安を感じ、気持ちが落ち着くまで時間がかかる。保育士があらかじめ知らせたり、「大丈夫だよ」と声をかけたりすることで、本児が気持ちを立て直そうとする姿がみられるようになってきた。

P132_07
●長時間の着席が難しい

行事などで、長時間着席することが難しい。保育士があらかじめ活動の流れや終わる時間を伝えたり、約束をしたりして、見通しがもてるように働きかけることで、本児は一定時間座れるようになりつつある。

P132_08
●トイレが間に合わないことがある

排泄を我慢し、間に合わないことがある。活動前などに保育士がこまめに声をかけることで、本児のそのような姿は減ってきている。

P133_01
● 頭を強くかく

葛藤すると、頭を強くかく姿がある。保育士が気持ちを受け止めたり、苦手なことに一緒に取り組んだりすることで、本児が気持ちを切り替えられる場面も出てきている。

P133_02
● 人の気持ちの理解が難しい

相手の気持ちを理解することが難しいが、保育士が代弁し、関わり方を伝えることで、本児も相手の思いをわかろうとするようになりつつある。

P133_03
● 遊具や棚にぶつかりやすい

自分の体の大きさを把握することが難しく、遊具や棚にぶつかることが多い。トンネルくぐりなど感覚をつかめるような遊びを経験することで、少しずつぶつからず遊ぶことも増えている。

P133_04
● 現実と想像の世界を織り交ぜて話す

想像力や創作力が豊かで、イメージを膨らませている。現実と想像した世界を織り交ぜて話すことを楽しんでいる。

P133_05
● 感情的になると乱暴な行動が出る

感情的になると、乱暴な行動をすることがあるが、言葉で思いを表現するよう保育士が働きかけることで、本児が手を出してしまうことは減っている。

P133_06
● 絵カードを見て理解する

身支度に時間がかかったが、保育士が手順を絵カードで貼ると、本児は自分で見て理解し、できるようになった。

P133_07
● 砂や泥などの感触が苦手

砂遊びや泥遊び、絵の具を直接手で触れることを苦手とする。保育士が無理強いせず、本児の気持ちがのった時に誘うことで、本児のペースで取り組むようになってきている。

P133_08
● 集団活動を苦手とする

集団活動を苦手とし、一人での行動を好む。保育士がみんなで一緒に遊ぶおもしろさを伝えることで、少しずつ本児も関心をもつようになっている。

P133_09
● 野菜をほとんど食べない

野菜が苦手で、ほとんど口をつけなかったが、保育士が家庭や給食室と連携し、にんじんの飾り切りなどのアレンジをすると、本児は食べてみようと意欲をもつようになってきている。

文例 最終年度に至るまでの育ちに関する事項

0歳児

P134_01
生後5か月より入園し、6年間在籍した。入園前に一時保育を利用していたので、集団生活に早く慣れ落ち着いて過ごした。

P134_02
生後7か月より入所。保育時間が長いため、家庭と情報交換や連携を密に行ったことで、生活リズムが安定した。

P134_03
入所時から保護者と離れても穏やかで、担当の保育士にすぐ慣れた。わらべうた遊びを好み、機嫌よく過ごす姿が多かった。

P134_04
好奇心旺盛で何にでも興味を示し、活発で探索行動を十分に楽しんだ。食事にも意欲的で、早くから手づかみ食べをはじめていた。

P134_05
マットの山登りをするなど、全身を動かすことを好んだ。部屋の玩具にも興味を示し、集中して遊ぶ姿があった。

P134_06
保育士の呼びかけによく反応し、安定した情緒で担任と触れ合ったり、一人で好きな玩具で遊んだりしていた。

P134_07
登園後泣いていても、好きな玩具で集中して遊ぶことで落ち着いた。衣服の着脱時、保育士に言葉をかけられると、手や足を動かして協力していた。

P134_08
寝返りなど運動面の発達が緩やかだったので、保育士が声をかけたり、動きを促す関わりをするなど援助した。

P134_09
入所時は激しく泣き、気分転換できなかったが、特定の保育士に対応されることで、穏やかに園生活を過ごすようになった。

P134_10
風邪をひきやすく休みがちであったが、園生活が安定するに伴って徐々に丈夫になり、休むことも少なくなっていった。

P134_11
水を怖がらず、水遊びでは水面をたたいたりおもちゃで遊んだりと、活発な姿があった。

1歳児

P135_01
友達への関わり方がわからず、嚙みついたりすることがあった。保育士が仲立ちすることで、本児のそのような行為は減っていった。

P135_02
砂の感触を嫌がるなど、慣れない感触に敏感な様子があった。無理なく徐々に関わることで、様々な素材に触れて遊ぶようになった。

P135_03
チェーンリングを穴に入れるなど目と手の協応動作が早くから見られた。スプーンを使っての食事も器用に行っていた。

P135_04
音楽が流れると全身を動かしてリズムをとるなど、活発な動きがよくみられた。友達の存在にも興味を示す姿があった。

P135_05
保育士の声や言葉をよく聞いていて「ごはんだよ」「元の場所に片付けてね」などの言葉を早くから理解して行動していた。

P135_06
自己主張やこだわりが出て、好きなもの、嫌いなものがはっきりした。足腰が強く、走ったり坂道でもよく歩いたりする姿があった。

P135_07
泣いたり笑ったり、素直に感情を表現していた。泣いていても、声をかけられると新しい物に目を向け、気持ちの切り替えができていた。

P135_08
人に関心はあるが、積極的に関わらず様子をうかがっていた。安心できる人とわかると、甘えたり自分の思いを伝えようとしたりした。

P135_09
クレヨンを使い小さな丸をたくさん描いたり、積み木を色別に分けて積んだりして遊ぶなど、色を認識し、手先を器用に使って楽しんでいた。

P135_10
シール貼り遊びでは同じ物を並べて貼るなど、絵柄の違いを理解し、自分なりのこだわりをもって行っていた。

P135_11
昼食後は自らベッドルームに行くなど、生活の流れを理解していた。友達の姿をよく見て、楽しそうな遊びの中に積極的に関わろうとした。

文例 最終年度に至るまでの育ちに関する事項

2歳児

P136_01
2歳児で入所時、不安そうであったが、特定の保育士と触れ合うことで、友達とも関わりを広げ、安心して園生活を送るようになった。

P136_02
語彙が豊富で「○○だから○○がいい」など具体的な理由がある主張をしたり、家での出来事を話すなど、話のやり取りを楽しんでいた。

P136_03
進級当初は玩具を一人占めする姿がみられたが、成長とともに遊びに必要な数で楽しむようになった。

P136_04
紙をちぎったり、粘土をこねたりして遊ぶ中で、指先の力が付いてきたとともに、手先の器用さも出てきた。

P136_05
飛行機が飛ぶ大きな音に反応して大泣きをしていた。怖いものではないということを絵本や遊びを通して理解すると、泣かなくなった。

P136_06
クラスが変わり、場所に慣れずに泣いて昼寝ができなかったが、日中の活動が充実してくるにつれて、安心して眠れるようになった。

P136_07
一定量を食べた後におかわりをするなど、食欲旺盛。生活リズムが安定し、生活も遊びも落ち着いていた。

P136_08
クラスの中で月齢が高く、積極的に遊びや生活をすすめた。保育士のまねをして、昼食前は机を拭くなどの手伝いもしていた。

P136_09
クラスの友達と、玩具の貸し借りをするようになった。友達の様子やクラス全体の様子を見て、好きな遊びをしていた。

P136_10
絵本に出てくる人物やキャラクター、物など、自分なりに発見したことを指差しや言葉で伝えて楽しむようになった。

P136_11
家庭と保育所の連携や情報交換を密に行ったことで、本児のトイレトレーニングをスムーズにすすめることができた。

3歳児

P137_01
入所時、身の回りのことを自分で行う習慣がなかったが、保育士から丁寧に伝えられたことで、一通り自分で行えるようになった。

P137_02
3歳児で入所。相手の気持ちがわからず、トラブルになることもあったので、相手がどのような思いでいるか保育士が代弁していた。

P137_03
周りの姿をよく見て慎重に行動する。嫌なことは「できない」「いやだ」「しないで」と自分の思いを相手に主張する強さが出てきていた。

P137_04
集団行動が難しく、別行動をとることが多かった。保育士がその気持ちを受け止め、そばについて、活動をわかりやすく説明していった。

P137_05
担任が変わったことで不安定になり、泣いて登園する日が増えた。保育士に気持ちを受け止められ、遊びや活動に目が向くことで落ち着いた。

P137_06
活動に向かう集中力が増し、椅子に座って製作活動に没頭する姿が増えた。

P137_07
絵本の読み聞かせが終わった後、その本についてイメージを膨らませて余韻を楽しむなど、想像力が育っていた。

P137_08
ままごと遊びが好きで、友達と一緒に遊び込む姿があった。けんかをすることもあるが、気持ちの切り替えも早かった。

P137_09
理解力があり、活動の中心となるが、甘えたい気持ちもあり、午睡中に「そばに来て」などと、保育士に言うこともあった。

P137_10
自分の思いが通らないと泣いてしまうこともあった。言葉で伝える方法がわかってきたことで、泣くことは減っていった。

P137_11
大型の製作など、集団で遊ぶ楽しさを味わった。友達に声をかけて一緒に大きな砂山を作るなど、協同で行う遊びを楽しむ姿が増えた。

文例 最終年度に至るまでの育ちに関する事項

4歳児

P138_01
4歳児の途中入園時は、一人で過ごすことが多かった。徐々に友達と関わることが増え、親しい友達ができ、じっくり遊ぶようになった。

P138_02
野菜を自ら口に入れることが少なかったが、保育士に励まされることで、自分から食べるようになった。

P138_03
指先で細かい作業を行う製作活動に苦手意識をもっていた。作った作品を保育士に認められたことから、積極的に取り組むようになった。

P138_04
積極的に発言をすることは少なかったが、発言の機会があると、自分なりによく考えていることがわかる発言をしていた。

P138_05
積極的に行事活動に取り組むようになった。集団の中心となる場面も増え、自分なりに工夫しながら表現活動を楽しむ姿がみられた。

P138_06
足をくじいたことをきっかけに、運動遊びに消極的な時期もあった。友達の姿が刺激になり、徐々に活発さを取り戻していった。

P138_07
年下の子に優しく言葉をかけたり、できないことを手伝ったりする姿が、クラスの友達によい影響を与えていた。

P138_08
何事にも積極的に取り組み、表現遊びで自分のイメージを表現することや、集団遊びで集中して遊ぶことなどを楽しむ姿があった。

P138_09
友達と良好な関係を築き、一緒に遊ぶことを楽しんでいた。発表会では、友達と励まし合い木琴の演奏に取り組む姿があった。

P138_10
基本的生活習慣が確立していた。また、他児を思いやりながら様々な取り組みを行うなど、協調性がみられた。

P138_11
様々な活動に積極的に取り組み、友達と協力してすすめていた。生活面では見通しをもって、次の活動の準備ができるようになった。

P139_01
劇遊びなど、クラスみんなで活動する時には、積極的にアイデアを出すなど、一生懸命に取り組んでいた。

P139_02
自由遊びの時間では、気の合う友達と好きな遊びを一緒に行うことを好んだ。遊びを発展させるアイデアを考え、友達に伝える姿があった。

P139_03
行事や遊びなどで、自分の意見を率先して発言する姿が増えた。友達の意見を聞いて折り合いをつけることもできるようになった。

P139_04
友達とやり取りを楽しみながら、充実して生活を送っていた。言葉の理解に時間を要するが、自分のペースでじっくりと考える姿があった。

P139_05
負けず嫌いで意志が固い面があったが、気持ちの切り替えも徐々に行えるようになった。自分で考えて行動する力もついていった。

P139_06
全身を動かすダイナミックな遊びも、折り紙や塗り絵など集中力を要する遊びも、どちらもバランスよく楽しんでいた。

P139_07
思うことや伝えたいことを、順序立てて話すようになった。また、相手の話もよく聞き、わからないことは自分なりに考えて質問をしていた。

P139_08
発表会など、普段と違うことに不安をもちやすかったが、友達に励まされ、前向きに取り組む姿がみられた。

P139_09
整理整頓をほめられたことに自信をもち、自分の持ち物だけでなく、クラスの玩具も積極的に元あった場所に片付けるようになった。

P139_10
明るく活発で、行事などでふざけ過ぎることもあったが、友達に注意されると理解し、場をわきまえた振る舞いをするようになった。

P139_11
下の子が生まれ、弟ができたことをとても喜んだ。それに伴い年上の自覚が生まれ、園でも小さい子に優しく接する姿があった。

P139_12
年下の子との関わりに戸惑っていたが、一緒に活動する経験を重ねたり、他児の様子をみたりしたことで、優しく関わるようになった。

第 5 章

保育所型
認定こども園の場合

保育所型認定こども園で、要録を作る際の参考となるよう、
注意点などを紹介します。
幼保連携型認定こども園園児指導要録の様式を利用する場合の
参考となる記入例や文例も掲載しています。

※この章の参考記入例及び参考文例は、CD-ROMには収録していません。

保育所型認定こども園の場合
様式の考え方

保育所型認定こども園では、どの様式を使えばよいか迷われるかもしれません。
基本的な考え方と、「保育所児童保育要録」と「幼保連携型認定こども園園児指導要録」の様式の違いを確認していきましょう。

保育要録も指導要録も記入する内容は近くなった

保育所型認定こども園の場合、「保育所児童保育要録」と「幼保連携型認定こども園園児指導要録」とで、どちらを使えばよいのか迷うかもしれません。保育所型認定こども園で使用する様式については、特に決まったルールがあるわけではありません。また、平成30年度より、保育要録の様式も、幼稚園や幼保連携型認定こども園の指導要録と似た形になりましたから、指導要録でも保育要録でも、記入する内容は以前に比べて近いものになっています。ただし、保育要録は小学校との連携を目的に、最終学年の育ちを記録するものです。それに対し、指導要録は、学籍や教育課程に基づく指導の記録として3歳以上について記述するものです。2つの文書の位置付けはやや異なりますから、その点を理解した上で、各園の実情に合わせて様式を選んでください。

指導要録、保育要録の様式は、市区町村で統一様式を作っているケースも多いので、自治体に確認しましょう。

認定こども園としての活動を外部に伝えやすいのは指導要録

保育所型認定こども園は、法律的には保育所と同じ児童福祉施設になります。そのため、学籍や教育課程の指導の記録を残すことは、必ずしも求められていません。その意味では、保育要録を作成して、子どもたちの進学先に送付しても、問題はありません。6年間、5年間など在籍した年月全体を振り返り、小学校への引き継ぎ資料として、最終学年の保育と子どもの育ちを記述しましょう。

一方、幼保連携型認定こども園の指導要録の様式を使用した場合、保育所ではなく認定こども園として、満3歳以上の1号認定、2号認定の子どもを担任が指導してきたということが、外部の人にもわかりやすいという面があります。この場合は、3号認定にあたる0・1・2歳の経過記録は別に作っておき、指導要録には3歳児以上の3年間を中心に記入しましょう。なお、幼保連携型認定こども園園児指導要録の様式を使うときには、「幼保連携型認定こども園園児指導要録」を「認定こども園こども要録」に読み替えるなどする必要があります。

●保育所型認定こども園で使用される2通りの様式の違い

保育所児童保育要録

入所に関する記録　　保育に関する記録　　（別紙）幼児期の終わりまでに育ってほしい姿について

幼保連携型認定こども園園児指導要録

学籍等に関する記録　　指導等に関する記録　　最終学年の指導に関する記録

第5章　保育所型認定こども園の場合

幼保連携型認定こども園園児指導要録
学籍等に関する記録

「学籍等に関する記録」は、園児の在籍を外部に証明する公的な書類です。原則として、入園・進級時及び異動の生じた時に記入します。

※このフォーマットは、CD-ROM には収録していません。

※指導要録の様式は、各市区町村で統一様式を作っているケースもあるので、自治体に確認しましょう。

幼保連携型認定こども園園児指導要録（学籍等に関する記録）

A 学級・整理番号

年度区分	平成令和　　年度	平成令和　　年度	平成令和　　年度	平成令和　　年度
学 級				
整理番号				

B 園児の氏名・生年月日・性別・現住所

園児	ふりがな　氏 名		性 別	
	平成・令和　　年　　月　　日生			
	現住所			

C 保護者の氏名・現住所

保護者	ふりがな　氏 名
	現住所

D 入園・転入園などの期日

入 園	平成令和　年　月　日	入園前の状況	**E 入園前の状況**
転入園	平成令和　年　月　日		
転・退園	平成令和　年　月　日	進学・就学先等	**F 進学・就学先等**
修 了	令和　年　月　日		

G 園名及び所在地

園 名及び所在地	

H 年度及び入園（転入園）・進級時等の園児の年齢

年度及び入園(転入園)・進級時等の園児の年齢	平成令和　　年度　　歳　　か月	平成令和　　年度　　歳　　か月	平成令和　　年度　　歳　　か月	平成令和　　年度　　歳　　か月
園 長氏 名 印				
担 当 者氏 名 印	（0.0歳児）	（0歳児）	（1歳児）	（2歳児）
年度及び入園(転入園)・進級時等の園児の年齢	平成令和　　年度　　歳　　か月	平成令和　　年度　　歳　　か月	平成令和　　年度　　歳　　か月	平成令和　　年度　　歳　　か月
園 長氏 名 印				
学級担任者氏 名 印	（満3歳児）	（3歳児）	（4歳児）	（5歳児）

I 園長氏名 印・担当者（学級担任者）氏名 印

※3府省からの通知に掲載されている「様式の参考例」をもとに説明しています。

A 学級・整理番号

● 1番左の欄から、満3歳児、3歳児、4歳児、5歳児の順に記載します。例えば、4歳児クラスから在籍の場合、左の欄2つは空けておきます。

● 整理番号の付け方には、決まりはありません。50音順、生年月日順など、各園で決めます。途中での転・退園があった場合は欠番にします。

● 4歳児クラスから在籍の場合

区分＼年度	平成 令和 年度	平成 令和 年度	平成 令和 29年度	平成 令和 30年度
学　級			きりん	ぞう
整理番号			5	8

B 園児の氏名・生年月日・性別・現住所

● 氏名…楷書で書き、上にふりがなを振ります。外国籍の園児の氏名は、省略せずに本名を記入し、ふりがなは、母国語に近い読み方で、カタカナで書き入れます。

● 現住所…園児が現在、生活の本拠としている住所を記入します。都道府県から記入し、マンション名なども省略せずに記入します。数字の部分は、固有名詞を除き、算用数字を使用します。変更に備えて、欄の下に余白を残しておきましょう。

● 住所に変更があった場合

園児	ふりがな 氏名	さとう ゆうすけ 佐藤 悠介	性別	男
		平成・令和 ○ 年 ○ 月 ○ 日生		
	現住所	~~東京都大空市中石川1丁目2番3号~~ 東京都大空市黒山3丁目4番2号		

※変更があった場合は、二重線で消し、下に新しい住所を記入（訂正印不要）。

※誤記の場合は、二重線で訂正し、訂正印を押す。

C 保護者の氏名・現住所

● 氏名…園児の親権者の氏名を記入します。園児が両親のもとを離れて、祖父母などの家から通園している場合でも、両親のどちらかが親権者であるならば、その氏名を記入します。親権者がいない場合は、世話をしている後見人の氏名を記入し、氏名の後に（後見人）と記します。

● 現住所…現住所が園児と同じ場合は、「園児の欄に同じ」と略記します（ゴム印可）。異なる場合は、都道府県から省略せずに記入し、変更に備えてやや上部に書き、下に余白を残します。

● 現住所が園児と同じ場合

保護者	ふりがな 氏名	さ とう けんいち 佐藤 健一
	現住所	園児の欄に同じ

● 後見人の場合

保護者	ふりがな 氏名	すずき まさゆき 鈴木 正行 （後見人）
	現住所	園児の欄に同じ

第5章 保育所型認定こども園の場合

D 入園・転入園などの期日

- 入園…公立は所轄の市区町村の教育委員会が通知した入園年月日を記入します。国立と私立は園が定めた入園年月日を記入します。
- 転入園…他の園から転園してきた場合に記入します。公立は市区町村の教育委員会が転入園を通知した年月日を記入し、その他の園では、園が定めた年月日を記入します。
- 転・退園…他の園へ転園したり、退園したりする場合に記入します。公立は転園先の園が転入園を許可した日の前日を記入します。その他の園では、園が定めた年月日を記入します。
- 修了…公立は市区町村の教育委員会が定めた年月日（原則3月31日）を、その他の園では、園が定めた修了の日を記入します。

E 入園前の状況

- 集団生活の経験の有無について記入します。集団生活の経験がない場合は「特記事項なし」とします。経験がある場合（海外も含む）は、前園名と所在地、転入の事由などを記入します。
- 集団生活の経験がある場合（海外も含む）は、前園名と所在地、入園（入所）した年齢、転入園（入園）の事由などを記入します。ただし、保護者が記載してほしくない理由がある場合（2号認定児・3号認定児の福祉に関する事項）は記載しません。

● 保育所から入園してきた場合

入園前の状況	1歳5か月からすみれ保育園（東京都野原市平和5丁目6番7号）に通園。転居のため、3歳10か月で転入園。

● 児童館に通っていた場合

入園前の状況	あおぞら児童館（東京都大山市鶴が丘7丁目8番6号）に週に3回通っていた。両親が共働きになり、3歳2か月で入園。

● 海外にいた場合

入園前の状況	父親の海外勤務で、1歳から中国に在住。2歳6か月より、○○園（ペキン市内）に通園。帰国のため3歳6か月で入園。

※国名、海外に居住していた年齢、通園の状況などを記入。

F 進学・就学先等

- 進学・就学する小学校等の名称、所在地を記入します。また、転園する場合は、転園先の正式名称、所在地、転園の事由を記入します。名称は、公立の場合は、自治体によって都道府県名から記入することもあります。
- 退園する場合は、退園の事由、引っ越しなどの場合は、住所等（連絡先）を記入します。

例）・通園距離が長いため、近くの園に転園。
　　・父親が海外へ転勤となり、退園することになる。

● 小学校へ進学する場合

進学・就学先等	東京都朝日市立桜ヶ丘小学校 東京都朝日市桜ヶ丘9丁目10番8号

● 他の園へ転園する場合

進学・就学先等	大阪府青山市立つきみの幼稚園（大阪府青山市月見野1丁目2番3号）に転園。父親転勤による転居にともない、新居近くの園に転園。

G 園名及び所在地

- 園名…正式な園名を省略せずに書き入れます。公立の場合は、自治体によって都道府県から記入することもあります。
- 所在地…都道府県から省略せずに正確に書きます（ゴム印可）。変更に備えて、下部に余白を残します。
- 分園の場合は、本園を記入し、（　　　）で分園を記入します。

●公立の場合

園　名 及び所在地	東京都大空市立幼保連携型認定こども園なかよし園 東京都大空市大石川１丁目２番３号

●私立の場合、変更がある場合

園　名 及び所在地	学校法人久方学園幼保連携型認定こども園わんぱく園 ~~東京都大空市黒山３丁目４番５号~~ 東京都大空市緑ケ丘５丁目６番７号

※変更の場合は二重線を引く（訂正印は不要）。誤記は二重線を引き、認印を押す。

●分園の場合

園　名 及び所在地	学校法人大越学園幼保連携型認定こども園なかよしこども園 東京都野原市朝日７丁目８番９号 （学校法人大越学園幼保連携型認定こども園なかよしこども園 　西分園　東京都野原市朝日９丁目８番７号）

H 年度及び入園（転入園）・進級時等の園児の年齢

- 年度…４月１日から翌年３月31日に至る学年の属する年度を記入します。
- 年齢…当該年度の４月１日時点の園児の年齢を月数まで記入します。0.0歳児保育や満３歳児保育の場合は、入園時の園児の年齢を記入します。
- 上段左の欄から0.0歳児、０歳児、１歳児、２歳児の順に、下段左の欄から満３歳児、３歳児、４歳児、５歳児の順に記載します。

●平成27年９月から入園した平成24年７月10日生まれの子の場合

年度及び入園（転入園） ・進級時等の園児の年齢	平成27年度 ３歳１か月	平成28年度 ３歳８か月	平成29年度 ４歳８か月	平成30年度 ５歳８か月

●誕生日ごとの４月１日時点の月数早見表

誕生日	4/2 ～5/1	5/2 ～6/1	6/2 ～7/1	7/2 ～8/1	8/2 ～9/1	9/2 ～10/1
月数	11	10	9	8	7	6

誕生日	10/2 ～11/1	11/2 ～12/1	12/2 ～1/1	1/2 ～2/1	2/2 ～3/1	3/2 ～4/1
月数	5	4	3	2	1	0

I 園長氏名 印・担当者（学級担任者）氏名 印

- 年度初め（または園児の転入園時）に園長と担当者（学級担任者）の氏名を記入します（ゴム印可）。
- 同一年度内で、変更があった場合は、その都度、後任者の氏名を記入します。また、（　　　）内にその担当期間を書きます。
- 副担任がいる場合は、氏名を列挙し、（副担任）と記入します。複数担任、学級担任制の場合も、各保育教諭等の氏名を記入します。産休などで臨時職員が担当した場合は、その氏名と担当期間を書きます。
- 印は、年度末（または転・退園時）に園長と担当者であったものが押印します。年度途中で変更があった場合は、その時に押印します[*]。

●園長や担任が年度内に変更になった場合

園　長 氏名　印	斉藤和子 ㊞ (4/1～8/31) 山田清美 ㊞ (9/1～3/31)	山田清美 ㊞
学級担任者 氏名　印	松山春菜 ㊞	小林真耶 ㊞ (4/1～6/5、10/5～3/31) （産・補）鈴木彩乃 ㊞ (6/6～10/4)

※変更に備えて、下部に余白を残します。

●副担任をおいている場合

学級担任者 氏名　印	池田瑞希 ㊞ 橋本みどり ㊞ （副担任）	

* この押印の時期は一例です。押印は、責任の所在を明らかにし、改ざんなどを防ぐ目的があります。押印の時期に明確な決まりはありませんが、この目的から逸脱しないようにしましょう。

幼保連携型認定こども園園児指導要録
指導等に関する記録

「指導等に関する記録」及び
「最終学年の指導に関する記録」を
記入する際の具体的な書き方や
注意点を紹介します。

※このフォーマットは、CD-ROMには収録していません。

A 学年の重点

B 個人の重点

C 指導上参考となる事項

D 出欠状況

F 満3歳未満の園児に関する記録

E 特に配慮すべき事項

幼保連携型認定こども園園児指導要録（指導等に関する記録）

ふりがな 氏名		性別	指導の重点等	平成・令和　　年度	平成・令和　　年度	平成・令和　　年度
				（学年の重点）	（学年の重点）	（学年の重点）
平成・令和　年　月　日生				（個人の重点）	（個人の重点）	（個人の重点）

ねらい（発達を捉える視点）		指導上参考となる事項	（満3歳児）	（3歳児）	（4歳児）
健康	明るく伸び伸びと行動し、充実感を味わう。				
	自分の体を十分に動かし、進んで運動しようとする。				
	健康、安全な生活に必要な習慣や態度を身に付け、見通しをもって行動する。				
人間関係	幼保連携型認定こども園の生活を楽しみ、自分の力で行動することの充実感を味わう。				
	身近な人と親しみ、関わりを深め、工夫したり、協力したりして一緒に活動する楽しさを味わい、愛情や信頼感をもつ。				
	社会生活における望ましい習慣や態度を身に付ける。				
環境	身近な環境に親しみ、自然と触れ合う中で様々な事象に興味や関心をもつ。				
	身近な環境に自分から関わり、発見を楽しんだり、考えたりし、それを生活に取り入れようとする。				
	身近な事象を見たり、考えたり、扱ったりする中で、物の性質や数量、文字などに対する感覚を豊かにする。				
言葉	自分の気持ちを言葉で表現する楽しさを味わう。				
	人の言葉や話などをよく聞き、自分の経験したことや考えたことを話し、伝え合う喜びを味わう。				
	日常生活に必要な言葉が分かるようになるとともに、絵本や物語などに親しみ、言葉に対する感覚を豊かにし、保育教諭等や友達と心を通わせる。				
表現	いろいろなものの美しさなどに対する豊かな感性をもつ。				
	感じたことや考えたことを自分なりに表現して楽しむ。				
	生活の中でイメージを豊かにし、様々な表現を楽しむ。				
			（特に配慮すべき事項）	（特に配慮すべき事項）	（特に配慮すべき事項）

出欠状況		年度	年度	年度
	教育日数			
	出席日数			

【満3歳未満の園児に関する記録】

園児の育ちに関する事項	平成・令和　　年度	平成・令和　　年度	平成・令和　　年度	平成・令和　　年度
	（0.0歳児）	（0歳児）	（1歳児）	（2歳児）

学年の重点：年度当初に、教育課程に基づき長期の見通しとして設定したものを記入
個人の重点：1年間を振り返って、当該園児の指導について特に重視してきた点を記入
指導上参考となる事項：
　（1）次の事項について記入
　　①1年間の指導の過程と園児の発達の姿について以下の事項を踏まえ記入すること。
　　・幼保連携型認定こども園教育・保育要領に示された養護に関する事項を踏まえ、第2章第3の「ねらい及び内容」に示された各領域のねらいを視点として、当該園児の発達の実情から向上が著しいと思われるもの。
　　　その際、他の園児との比較や一定の基準に対する達成度についての評定によって捉えるものではないことに留意すること。
　　・園生活を通して全体的、総合的に捉えた園児の発達の姿。
　　②次の年度の指導に必要と考えられる配慮事項等について記入すること。
　（2）「特に配慮すべき事項」には、園児の健康の状況等、指導上特記すべき事項がある場合に記入
園児の育ちに関する事項：　当該園児の、次の年度の指導に特に必要と考えられる育ちに関する事項や配慮事項、健康の状況等の留意事項等について記入

A 学年の重点

- 年度はじめに、教育課程に基づき、この学年の長期の見通しとして設定したものを記入します。
- 学年を担当する全ての保育者で話し合い、学年共通の指導の重点を考えましょう。保育の中で意識しておくことが重要です。

B 個人の重点

- 1年間を振り返り、当該園児の指導について特に重視してきた点を記入します。従って、年度初めに記載する必要はなく、年度末に1年間の指導を振り返ってまとめるとよいでしょう。
- 一人ひとりの育ちに合わせて考えるため、内容は園児によってそれぞれ違ったものになります。
- 前年度の同欄や「指導上参考となる事項」の内容を踏まえて、子どもの育ちがつながるよう考慮します。

C 指導上参考となる事項

- 指導の重点や5領域のねらい（発達を捉える視点）を踏まえ、1年間で、園児が著しく向上した所を具体的に記入します。5領域の複数の領域にまたがった内容など、総合的な視点で記述することが重要です。
- 1年間の指導の過程を振り返り、園児の興味や関心、遊びや生活の傾向を書きます。他児との比較や一定の基準に対する達成度を記述するのではなく、一人ひとりの育ちつつある姿を受け止めながら、特に伸びた部分や援助の過程などを記入します。

- これまで「養護」の欄に記入していた「生命の保持及び情緒の安定」に関する記述は、この欄に書きます。
- これまで「子どもの健康状態等」の欄に記入していた健康に関する留意事項は、「特に配慮すべき事項」の欄に書きます。
- 年度はじめや1か月（1学期）ごとなどの子どもの姿を、保育記録等に記録しておきましょう。1年間の成長や変化の過程が捉えやすく、保育者自身の評価・反省にも活用しやすくなります。

D 出欠状況

- 「教育日数」は1年間に教育した総日数を記入します。原則として、幼保連携型認定こども園教育・保育要領に基づいて編成した教育課程の実施日数と同日数になります。ただし、転入園児等については転入園以降の日数、転・退園児等については転・退園までの日数を記入します。

- 長期休業中の日数については、教育課程として実施している日以外は、教育日数に含みません。例えば、夏休みの自由参加のプール保育、長期休業中の2号認定児・3号認定児の保育などは含みません。
- 「出席日数」は、教育日数のうち出席した日数を記入します。遅刻や早退の日も出席日数に含みます。出席日数が0の場合は、空欄にはせず「0」と記入します。

E 特に配慮すべき事項

- 園児の健康状態など、指導上、特記すべき事柄がある場合は、個人情報に留意しながら記入します。保護者と相談の上、記載しましょう。「除去食あり」「プール活動時、要配慮」「既往症あり」などの表記が考えられます。
- 特にない場合は、「特記事項なし」などと記入するとよいでしょう。

F 満3歳未満の園児に関する記録

- 満3歳未満児の、次年度の指導に向けて特に必要と考えられる育ちや配慮事項、健康の状況など、留意事項について記入します。
- 特に伸びた部分や具体的な指導のポイントなどを簡潔に記載します。次年度の担任への引継ぎになります。

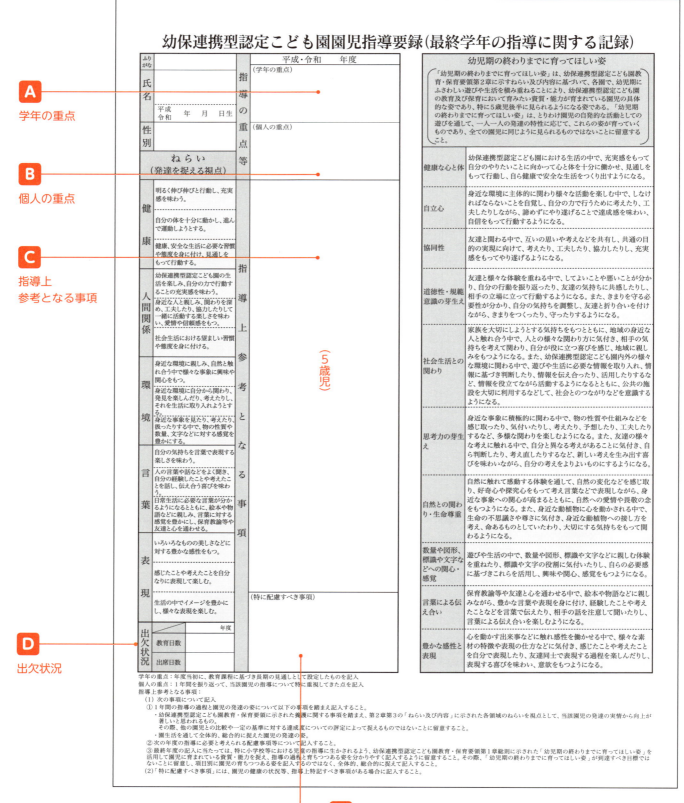

A 学年の重点

「指導等に関する記録」の「学年の重点」（149ページ）と同様。

B 個人の重点

「指導等に関する記録」の「個人の重点」（149ページ）と同様。

C 指導上参考となる事項

- 「指導等に関する記録」と同様に、当該園児の育ちの実情から向上が著しいと思われるものを記入します。その際、他の園児と比較したり、一定の基準に対する達成度について評価したりしないように気を付け、園生活を通して全体的・総合的に捉えた園児の発達の姿を記入します。
- 最終年度の記録で、特に気を付けることは、小学校等における児童の指導に生かされることを念頭に記入する必要があることです。幼保連携型認定こども園教育・保育要領に示されている「幼児期の終わりまでに育ってほしい姿」（10の姿）を活用し、就学前の時点で、園児に育まれている資質・能力を捉え、指導の過程と育ちつつある姿を書きましょう。

- 「10の姿」は、到達目標ではないので、「できている」「できていない」という評価にならないよう留意します。また、「10の姿」の項目別に書くのではなく、5領域と同じように、全体的かつ総合的に捉えて記入することが大切です。

D 出欠状況

「指導等に関する記録」の「出欠状況」（149ページ）と同様。

E 特に配慮すべき事項

「指導等に関する記録」の「特に配慮すべき事項」（149ページ）と同様。

※指導要録は、小学校に送る記録です。複数名の保育者に読んでもらうなどして、書き手の先入観が入らないように気を付け、客観的な記録としましょう。

※小学校の先生にとって「幼児期の終わりまでに育ってほしい姿」（10の姿）は、理解しやすい表現です。参考にして記述しましょう。

参考記入例

0〜5歳児 苦手なことを克服していった子

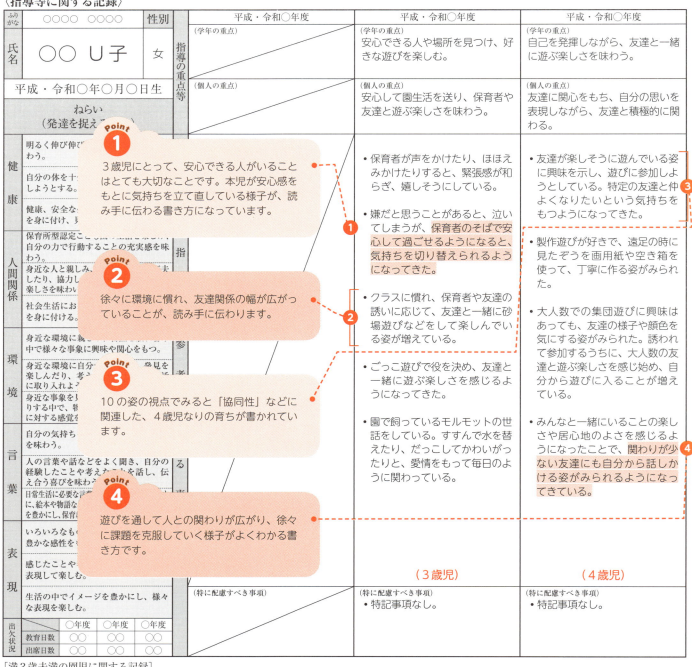

※「幼保連携型認定こども園園児指導要録」の様式を使った
0〜5歳児の記入例を掲載します。

※この参考記入例は、CD-ROM には収録していません。

〈最終学年の指導に関する記録〉

ふりがな	○○○○　○○○○		平成・令和○年度
氏名	○○　Ｕ子	指導の重点等	（学年の重点） 生活や行事を通して、友達の思いに気付きながら一緒に活動し、達成感や充実感を味わう。
	平成・令和○年○月○日生		
性別	女		（個人の重点） 間違いや失敗を恐れずに、周りの人に支えてもらいながら、自信をもって自分の思いを伝えられるようになる。

	ねらい （発達を捉える視点）		
健康	明るく伸び伸びと行動し、充実感を味わう。 自分の体を十分に動かし、進んで運動しようとする。 健康、安全な生活に必要な習慣や態度を身に付け、見通しをもって行動する。	指導上参考となる事項	• 5歳児クラスになったことへの自信や今までの経験から、新しい友達と仲よくなろうと、自分から積極的に関わっている。役割を分担し、イメージを伝え合いながら、ごっこ遊びなどをして楽しんでいる。 • 間違いや失敗を気にして、皆の前で話すことに戸惑いを感じながらも、繰り返し取り組んでいった。回を重ねるにつれ、自信がもてるようになり、友達の前に立って、堂々と発表する姿がみられた。 • 自分の気持ちを抑え込んでしまうことがあり、言いたいことを言わずに我慢する姿がみられた。運動会や共同製作など、みんなで力を合わせる経験を通して、自分の思いを言葉にして伝えることの大切さを知り、言葉で伝えることが増えている。 • 様々な活動を通して、相手の思いを知り、そこからどうしていくのかを友達と一緒に考えるようになった。みんなで力を合わせてやり遂げることで、達成感を味わっている。 • ダンスや跳び箱などに意欲的に取り組み、失敗してもまた頑張ろうと思えるようになり、失敗しても、前向きな気持ちで、笑顔でもう一度挑戦する姿がみられる。 （5歳児）
人間関係	保育所型認定こども園の生活を楽しみ、自分の力で行動することの充実感を味わう。 身近な人と親しみ、関わりを深め、工夫したり、協力したりして一緒に活動する楽しさを味わい、愛情や信頼感をもつ。 社会生活における望ましい習慣や態度を身に付ける。		
環境	身近な環境に親しみ、自然と触れ合う中で様々な事象に興味や関心をもつ。 身近な環境に自分から関わり、発見を楽しんだり、考えたりし、それを生活に取り入れようとする。 身近な事象を見たり、考えたり、扱ったりする中で、物の性質や数量、文字などに対する感覚を豊かにする。		
言葉	自分の気持ちを言葉で表現する楽しさを味わう。 人の言葉や話などをよく聞き、自分の経験したことや考えたことを話し、伝え合う喜びを味わう。 日常生活に必要な言葉が分かるようになるとともに、絵本や物語などに親しみ、言葉に対する感覚を豊かにし、保育者等や友達と心を通わせる。		
表現	いろいろなものの美しさなどに対する豊かな感性をもつ。 感じたことや考えたことを自分なりに表現して楽しむ。 生活の中でイメージを豊かにし、様々な表現を楽しむ。		（特に配慮すべき事項） • 特記事項なし。

出欠状況		○年度
	教育日数	○○
	出席日数	○○

Ｕちゃんの保育記録より

●Ｕちゃんってこんな子

人見知りで消極的な面があり、失敗を恐れ、新しいことに尻込みしてしまうことがある。活動や行事を通して、徐々に友達と関われるようになり、失敗しても、再び挑戦する前向きな気持ちが出てきた。

●指導の過程

保育者に対して安心感がもてるよう、丁寧に関わった。無理強いはせずに、遊びに誘うことで、友達関係を広げていけるように留意した。同じ活動を繰り返すと、安心感が得られるので、繰り返し取り組める機会を設けるようにした。

ここからの育ちを中心に
プラスの視点で書こう！

Point 5
進級するごとに成長を感じます。要録全体を読むと、本児が次第に自信をつけてきたことがわかります。

Point 6
本児が安心しながら共同の学びができており、とてもよい体験をしている様子を伝えています。

Point 7
10の姿の「健康な心と体」「自立心」などに関連する内容が書かれています。

第5章 保育所型認定こども園の場合

参考文例

3歳児 指導等に関する記録

- **運動遊びを楽しむ**
  ボール遊びなどの運動遊びに積極的に参加して、体を動かすことを楽しむ姿がみられる。

- **清潔に過ごそうとする**
  衣服が汚れた時は着替えようとするなど、清潔に気持ちよく過ごそうとする姿がある。

- **すすんで片付けをする**
  片付けられていない玩具を見つけると、すすんで片付けている。

- **何度も取り組みできるようになる**
  縄跳びのにょろにょろへびに何度も取り組んで跳べるようになり、達成感を味わっていた。

- **友達と同じ遊びを楽しむ**
  他児がしている遊びに興味をもち、砂場で泥団子作りや川作りをするなど、友達と同じ遊びをする楽しさを味わっている。

- **友達と関わることを喜ぶ**
  遊びたい友達を自ら誘ったり、一緒にいることを喜ぶなど、友達との関わりを楽しんでいる。

- **友達が使い終わるのを待つ**
  友達が使っている玩具で、自分が遊びたいという思いを表しながらも、友達が使い終わるのを待つことが増えている。

- **ルールを理解し守ろうとする**
  園生活の中で、廊下を走らない、トイレで遊ばないといったルールを理解し、守ろうとする姿がみられる。

- **手伝いを積極的にする**
  保育者の手伝いをすることが多く、喜んでもらうことに嬉しさを感じて、積極的に行動している。

- **地域の人々と関わる**
  登降園の時に、近隣の人と挨拶や会話を楽しむことで、様々な人との関わり方を知っていった。

※「幼保連携型認定こども園園児指導要録」の「指導等に関する記録」を記入する時に参考となる文例を掲載します。

※この参考文例は、CD-ROMには収録していません。

●不思議に思ったことを聞く

身近な動植物に興味をもち、不思議に思ったことを保育者に聞く姿がある。

●色や見立てを楽しんで遊ぶ

あさがおやおしろいばなの花びらを使った色水遊びでは、色のきれいさやジュースへの見立てを楽しむ姿がみられた。

●枯れ葉を拾って楽しむ

園庭に落ちた枯れ葉に興味をもち、大きな物を探して拾い、保育者に見せて楽しむ姿があった。

●だんごむしを観察する

園庭のだんごむしに興味をもち、石の下を探したり、容器に集めて観察したりするようになった。

●文字に興味をもつ

文字の存在に気付いて興味をもち、掲示物を見て「何て書いてあるの」と保育者にたずねることが増えてきた。

●数量を比べる

大きなうさぎには餌をたくさん皿に入れ、赤ちゃんうさぎには少し入れるなど、「たくさん・少し・大・小」などの違いに興味をもった。

●気持ちを言葉にして共有する

好きなプール遊びでは、仲のよい友達と「冷たいね」「楽しいね」と言葉を交わし、気持ちを共有して楽しんでいた。

●読み聞かせを楽しむ

絵本の読み聞かせでは、楽しそうに耳を傾け、絵の中に見付けたことを言葉にして伝える姿があった。

●描画を伸び伸びと楽しむ

クレヨンや色鉛筆を使った描画を伸び伸びと楽しみ、描いた物を保育者に伝える姿がみられる。

●リズムを感じ、表現する

音楽に関する遊びが好きで、音楽を聴いて、リズムに合わせて体を動かしたり、楽器を鳴らしたりすることを楽しんでいる。

第5章 保育所型認定こども園の場合

参考文例 **4歳児** 指導等に関する記録

- **友達との関わりを楽しむ**

  おにごっこやボール遊びなどを友達と一緒に楽しむ姿がみられ、遊びの中で、友達関係も広がってきている。

- **年長児に刺激を受け活発に遊ぶ**

  5歳児の遊びが刺激となり、教えてもらいながら、竹馬やこま回しなどに活発に取り組んでいる。

- **根気よく完成させる**

  鬼のお面作りでは、大きな角にしたいという思いをもち、根気よく取り組んで完成させる姿がみられた。

- **前向きに当番活動を行う**

  朝の会でみんなの前に立ち、日付や予定を伝えるなど、張り切って当番活動に参加している。

- **友達と助け合う**

  手伝ってほしい時に友達に声をかけたり、友達が困っていたら手伝おうとするなどの関わりが増えている。

- **協力して1つの物を作る**

  夏祭りのおみこしの飾り付けを友達と協力して行い、何を付けるか、何色にするかなどを話し合い、楽しんで取り組んでいた。

- **物を大切にする**

  クレヨンが折れた時は、保育者に手伝ってもらいながらテープで貼り合わせるなど、物を大切にしようとする姿がある。

- **順番を守る**

  遊びや生活の中で、順番待ちをする状況になると、自ら列に並んで自分の番を待つようになっている。

- **年下の子に優しく関わる**

  3歳児の身支度や活動の手伝いをすすんで行うなど、年下の子に対して優しく関わろうとしている。

- **こぼさないように工夫する**

  給食の配膳当番にすすんで取り組み、どうすればこぼさずに皿に入れられるか工夫し、こつをつかんでいく姿がみられた。

※「幼保連携型認定こども園園児指導要録」の「指導等に関する記録」を記入する時に参考となる文例を掲載します。

※この参考文例は、CD-ROMには収録していません。

●新しい考えを生み出す喜びを感じる

新しい遊び方やルールを考えるのが得意で、友達にもその遊びを提案し、おもしろがってもらうことに喜びを感じている。

●植物を観察し、変化に気付く

栽培している野菜を虫眼鏡で観察したり、枯れた所や虫食いを見つけて保育者に報告したりと、興味をもって世話をしている。

●自然物で友達と一緒に遊ぶ

おなもみやせんだんぐさなど、衣服にくっ付く植物に興味をもち、友達と一緒に付け合って遊ぶなど、自然に親しむ経験を重ねている。

●10程度の数を数えることを楽しむ

数への興味が出てきて、給食のみかんの房を数えたり、友達のみかんと房の数を比べたりして、10程度の数を数えることを楽しんでいる。

●ひらがなを少しずつ読む

文字が読めることに喜びを感じるようになり、絵本に載っているひらがなを1文字ずつたどり、声に出して読む姿がみられる。

●好き嫌いを言葉で伝える

「これは甘いから好き」「食べにくいから残したい」など、食べ物の好き嫌いとその理由を言葉にして保育者に伝える姿がある。

●人前で発表する

自分の気付いたことや考えをクラスの友達に伝えることを楽しみ、保育者や友達の話も興味をもって聞いている。

●音の変化を感じ取り体で表現する

リトミックでは、音の強弱や速さに合わせて体の動きに変化をつけ、表現することを楽しんでいた。

●作った物を使って遊ぶ

空き箱やラップの芯などの廃材を組み合わせて剣や道具を作り、仲のよい友達とテレビ番組のヒーローになりきって遊んでいる。

第5章 保育所型認定こども園の場合

第**6**章

資料編

- 保育所保育指針の適用に際しての留意事項について（通知）
- 保育所保育指針
- 配偶者からの暴力の被害者の子どもの就学について（通知）（抄）
- 個人情報の保護に関する法律（抄）

※個人情報の保護に関する法律は、更新されることがあります。更新によって、
　通知文との間で不整合が生じる可能性があります。

保育所保育指針の適用に際しての留意事項について

子保発 0330第 2 号
平成30年 3 月30日

各都道府県民生主管部(局)長
各指定都市・中核市民生主管部(局)長　殿

厚生労働省子ども家庭局保育課長
（公印省略）

保育所保育指針の適用に際しての留意事項について

　平成30年 4 月 1 日より保育所保育指針（平成29年厚生労働省告示第117号。以下「保育所保育指針」という。）が適用されるが、その適用に際しての留意事項は、下記のとおりであるため、十分御了知の上、貴管内の市区町村、保育関係者等に対して遅滞なく周知し、その運用に遺漏のないよう御配慮願いたい。
　なお、本通知は、地方自治法（昭和22年法律第67号）第245条の 4 第 1 項の規定に基づく技術的助言である。
　また、本通知をもって、「保育所保育指針の施行に際しての留意事項について」（平成20年 3 月28日付け雇児保発第 0328001号厚生労働省雇用均等・児童家庭局保育課長通知）を廃止する。

記

1．保育所保育指針の適用について
（1）　保育所保育指針の保育現場等への周知について
　平成30年 4 月 1 日より保育所保育指針が適用されるに当たり、その趣旨及び内容が、自治体の職員、保育所、家庭的保育事業者等及び認可外保育施設の保育関係者、指定保育士養成施設の関係者、子育て中の保護者等に十分理解され、保育現場における保育の実践、保育士養成課程の教授内容等に十分反映されるよう、改めて周知を図られたい。
　なお、周知に当たっては、保育所保育指針の内容の解説、保育を行う上での留意点等を記載した「保育所保育指針解説」を厚生労働省のホームページに公開しているので、当該解説を活用されたい。

○　保育所保育指針解説
http://www.mhlw.go.jp/file/06-Seisakujouhou-11900000-Koyoukintoujidoukateikyoku/kaisetu.pdf

（2）　保育所保育指針に関する指導監査について
　「児童福祉行政指導監査の実施について」（平成12年 4 月25日付け児発第471号厚生省児童家庭局長通知）に基づき、保育所保育指針に関する保育所の指導監査を実施する際には、以下①から③までの内容に留意されたい。

①保育所保育指針において、具体的に義務や努力義務が課せられている事項を中心に実施すること。

②他の事項に関する指導監査とは異なり、保育の内容及び運営体制について、各保育所の創意工夫や取組を尊重しつつ、取組の結果のみではなく、取組の過程（※１）に着目して実施すること。

（※１．保育所保育指針第１章の３（１）から（５）までに示す、全体的な計画の作成、指導計画の作成、指導計画の展開、保育の内容等の評価及び評価を踏まえた計画の改善等）

③保育所保育指針の参考資料として取りまとめた「保育所保育指針解説」のみを根拠とした指導等を行うことのないよう留意すること。

２．小学校との連携について

　保育所においては、保育所保育指針に示すとおり、保育士等が、自らの保育実践の過程を振り返り、子どもの心の育ち、意欲等について理解を深め、専門性の向上及び保育実践の改善に努めることが求められる。また、その内容が小学校（義務教育学校の前期課程及び特別支援学校の小学部を含む。以下同じ。）に適切に引き継がれ、保育所保育において育まれた資質・能力を踏まえて小学校教育が円滑に行われるよう、保育所と小学校との間で「幼児期の終わりまでに育ってほしい姿」を共有するなど、小学校との連携を図ることが重要である。

　このような認識の下、保育所と小学校との連携を確保するという観点から、保育所から小学校に子どもの育ちを支えるための資料として、従前より保育所児童保育要録が送付されるよう求めているが、保育所保育指針第２章の４（２）「小学校との連携」に示す内容を踏まえ、今般、保育所児童保育要録について、

・養護及び教育が一体的に行われるという保育所保育の特性を踏まえた記載事項

・「幼児期の終わりまでに育ってほしい姿」の活用、特別な配慮を要する子どもに関する記載内容等の取扱い上の注意事項等について見直し（※２）を行った。見直し後の保育所児童保育要録の取扱い等については、以下（１）及び（２）に示すとおりであるので留意されたい。

（※２．見直しの趣旨等については、別添２「保育所児童保育要録の見直し等について（検討の整理）（2018（平成30）年２月７日保育所児童保育要録の見直し検討会）」参照）

（１）　保育所児童保育要録の取扱いについて

ア　記載事項

　保育所児童保育要録には、別添１「保育所児童保育要録に記載する事項」に示す事項を記載すること。

　なお、各市区町村においては、地域の実情等を踏まえ、別紙資料を参考として様式を作成し、管内の保育所に配布すること。

イ　実施時期

　本通知を踏まえた保育所児童保育要録の作成は、平成30年度から実施すること。なお、平成30年度の保育所児童保育要録の様式を既に用意している場合には、必ずしも新たな様式により保育所児童保育要録を作成する必要はないこと。

ウ　取扱い上の注意

（ア）　保育所児童保育要録の作成、送付及び保存については、以下①から③までの取扱いに留意すること。また、各市区町村においては、保育所児童保育要録が小学校に送付されることについて市区町村教育委

員会にあらかじめ周知を行うなど、市区町村教育委員会との連携を図ること。

① 保育所児童保育要録は、最終年度の子どもについて作成すること。作成に当たっては、施設長の責任の下、担当の保育士が記載すること。

② 子どもの就学に際して、作成した保育所児童保育要録の抄本又は写しを就学先の小学校の校長に送付すること。

③ 保育所においては、作成した保育所児童保育要録の原本等について、その子どもが小学校を卒業するまでの間保存することが望ましいこと。

（イ） 保育所児童保育要録の作成に当たっては、保護者との信頼関係を基盤として、保護者の思いを踏まえつつ記載するとともに、その送付について、入所時や懇談会等を通して、保護者に周知しておくことが望ましいこと。その際には、個人情報保護及び情報開示の在り方に留意すること。

（ウ） 障害や発達上の課題があるなど特別な配慮を要する子どもについて「保育の過程と子どもの育ちに関する事項」及び「最終年度に至るまでの育ちに関する事項」を記載する際には、診断名及び障害の特性のみではなく、その子どもが育ってきた過程について、その子どもの抱える生活上の課題、人との関わりにおける困難等に応じて行われてきた保育における工夫及び配慮を考慮した上で記載すること。
なお、地域の身近な場所で一貫して効果的に支援する体制を構築する観点から、保育所、児童発達支援センター等の関係機関で行われてきた支援が就学以降も継続するように、保護者の意向及び個人情報の取扱いに留意しながら、必要に応じて、保育所における支援の情報を小学校と共有することが考えられること。

（エ） 配偶者からの暴力の被害者と同居する子どもについては、保育所児童保育要録の記述を通じて就学先の小学校名や所在地等の情報が配偶者（加害者）に伝わることが懸念される場合がある。このような特別の事情がある場合には、「配偶者からの暴力の被害者の子どもの就学について（通知）」（平成 21年7月13日付け21生参学第7号文部科学省生涯学習政策局男女共同参画学習課長・文部科学省初等中等教育局初等中等教育企画課長連名通知）を参考に、関係機関等との連携を図りながら、適切に情報を取り扱うこと。

（オ） 保育士等の専門性の向上や負担感の軽減を図る観点から、情報の適切な管理を図りつつ、情報通信技術の活用により保育所児童保育要録に係る事務の改善を検討することも重要であること。なお、保育所児童保育要録について、情報通信技術を活用して書面の作成、送付及び保存を行うことは、現行の制度上も可能であること。

（カ） 保育所児童保育要録は、児童の氏名、生年月日等の個人情報を含むものであるため、個人情報の保護に関する法律（平成15年法律第57号）等を踏まえて適切に個人情報を取り扱うこと。なお、個人情報の保護に関する法令上の取扱いは以下の①及び②のとおりである。

① 公立の保育所については、各市区町村が定める個人情報保護条例に準じた取扱いとすること。

② 私立の保育所については、個人情報の保護に関する法律第2条第5項に規定する個人情報取扱事業者に該当し、原則として個人情報を第三者に提供する際には本人の同意が必要となるが、保育所保育指針第2章の4（2）ウに基づいて保育所児童保育要録を送付する場合においては、同法第23条第1項第1号に掲げる法令に基づく場合に該当するため、第三者提供について本人（保護者）の同意は不要であること。

エ 保育所型認定こども園における取扱い
保育所型認定こども園においては、「幼保連携型認定こども園園児指導要録の改善及び認定こども園こど

も要録の作成等に関する留意事項等について（通知）」（平成30年3月30日付け府子本第315号・29初幼教第17号・子保発0330第3号内閣府子ども・子育て本部参事官（認定こども園担当）・文部科学省初等中等教育局幼児教育課長・厚生労働省子ども家庭局保育課長連名通知）を参考にして、各市区町村と相談しつつ、各設置者等の創意工夫の下、同通知に基づく認定こども園こども要録(以下「認定こども園こども要録」という。)を作成することも可能であること。その際、送付及び保存についても同通知に準じて取り扱うこと。また、認定こども園こども要録を作成した場合には、同一の子どもについて、保育所児童保育要録を作成する必要はないこと。

（2） 保育所と小学校との間の連携の促進体制について

　保育所と小学校との間の連携を一層促進するためには、地域における就学前後の子どもの育ち等について、地域の関係者が理解を共有することが重要であり、

　　・ 保育所、幼稚園、認定こども園、小学校等の関係者が参加する合同研修会、連絡協議会等を設置するなど、関係者の交流の機会を確保すること、

　　・ 保育所、幼稚園、認定こども園、小学校等の管理職が連携及び交流の意義及び重要性を理解し、組織として取組を進めること

　等が有効と考えられるため、各自治体において、関係部局と連携し、これらの取組を積極的に支援・推進すること。

別添1

保育所児童保育要録に記載する事項

○ 入所に関する記録
1 児童の氏名、性別、生年月日及び現住所
2 保護者の氏名及び現住所
3 児童の保育期間（入所及び卒所年月日）
4 児童の就学先（小学校名）
5 保育所名及び所在地
6 施設長及び担当保育士氏名

○ 保育に関する記録

　保育に関する記録は、保育所において作成した様々な記録の内容を踏まえて、最終年度（小学校就学の始期に達する直前の年度）の1年間における保育の過程と子どもの育ちを要約し、就学に際して保育所と小学校が子どもに関する情報を共有し、子どもの育ちを支えるための資料としての性格を持つものとすること。

　また、保育所における保育は、養護及び教育を一体的に行うことをその特性とするものであり、保育所における保育全体を通じて、養護に関するねらい及び内容を踏まえた保育が展開されることを念頭に置き、記載すること。

1　保育の過程と子どもの育ちに関する事項
　　最終年度における保育の過程及び子どもの育ちについて、次の視点から記入すること。
（1）最終年度の重点
　　年度当初に、全体的な計画に基づき長期の見通しとして設定したものを記入すること。
（2）個人の重点
　　1年間を振り返って、子どもの指導について特に重視してきた点を記入すること。
（3）保育の展開と子どもの育ち
　　次の事項について記入すること。
　①　最終年度の1年間の保育における指導の過程及び子どもの発達の姿について、以下の事項を踏まえ記入すること。
　　・保育所保育指針第2章「保育の内容」に示された各領域のねらいを視点として、子どもの発達の実情から向上が著しいと思われるもの。その際、他の子どもとの比較や一定の基準に対する達成度についての評定によって捉えるものではないことに留意すること。
　　・保育所の生活を通して全体的、総合的に捉えた子どもの発達の姿。
　②　就学後の指導に必要と考えられる配慮事項等について記入すること。
　③　記入に当たっては、特に小学校における子どもの指導に生かされるよう、保育所保育指針第1章「総則」に示された「幼児期の終わりまでに育ってほしい姿」を活用して子どもに育まれている資質・能力を捉え、指導の過程と育ちつつある姿をわかりやすく記入するように留意すること。その際、別紙資料1に示す「幼児期の終わりまでに育ってほしい姿について」を参照するなどして、「幼児期の終わりまでに育ってほしい姿」の趣旨や内容を十分に理解するとともに、これらが到達すべき目標ではないことに留意し、項目別に子どもの育ちつつある姿を記入するのではなく、全体的かつ総合的に捉えて記入すること。
（4）特に配慮すべき事項
　　子どもの健康の状況等、就学後の指導における配慮が必要なこととして、特記すべき事項がある場合に記入すること。

2　最終年度に至るまでの育ちに関する事項
　　子どもの入所時から最終年度に至るまでの育ちに関して、最終年度における保育の過程と子どもの育ちの姿を理解する上で、特に重要と考えられることを記入すること。

別添2

※別添2「保育所児童保育要録の見直し等について（検討の整理）」は省略。

保育所保育指針

平成29年3月31日告示
厚生労働省

第1章　総則

　この指針は、児童福祉施設の設備及び運営に関する基準（昭和23年厚生省令第63号。以下「設備運営基準」という。）第35条の規定に基づき、保育所における保育の内容に関する事項及びこれに関連する運営に関する事項を定めるものである。各保育所は、この指針において規定される保育の内容に係る基本原則に関する事項等を踏まえ、各保育所の実情に応じて創意工夫を図り、保育所の機能及び質の向上に努めなければならない。

1　保育所保育に関する基本原則

（1）　保育所の役割

　　ア　保育所は、児童福祉法（昭和22年法律第164号）第39条の規定に基づき、保育を必要とする子どもの保育を行い、その健全な心身の発達を図ることを目的とする児童福祉施設であり、入所する子どもの最善の利益を考慮し、その福祉を積極的に増進することに最もふさわしい生活の場でなければならない。

　　イ　保育所は、その目的を達成するために、保育に関する専門性を有する職員が、家庭との緊密な連携の下に、子どもの状況や発達過程を踏まえ、保育所における環境を通して、養護及び教育を一体的に行うことを特性としている。

　　ウ　保育所は、入所する子どもを保育するとともに、家庭や地域の様々な社会資源との連携を図りながら、入所する子どもの保護者に対する支援及び地域の子育て家庭に対する支援等を行う役割を担うものである。

　　エ　保育所における保育士は、児童福祉法第18条の4の規定を踏まえ、保育所の役割及び機能が適切に発揮されるように、倫理観に裏付けられた専門的知識、技術及び判断をもって、子どもを保育するとともに、子どもの保護者に対する保育に関する指導を行うものであり、その職責を遂行するための専門性の向上に絶えず努めなければならない。

（2）　保育の目標

　　ア　保育所は、子どもが生涯にわたる人間形成にとって極めて重要な時期に、その生活時間の大半を過ごす場である。このため、保育所の保育は、子どもが現在を最も良く生き、望ましい未来をつくり出す力の基礎を培うために、次の目標を目指して行わなければならない。

　　　（ア）　十分に養護の行き届いた環境の下に、くつろいだ雰囲気の中で子どもの様々な欲求を満たし、生命の保持及び情緒の安定を図ること。

　　　（イ）　健康、安全など生活に必要な基本的な習慣や態度を養い、心身の健康の基礎を培うこと。

　　　（ウ）　人との関わりの中で、人に対する愛情と信頼感、そして人権を大切にする心を育てるとともに、自主、自立及び協調の態度を養い、道徳性の芽生えを培うこと。

　　　（エ）　生命、自然及び社会の事象についての興味や関心を育て、それらに対する豊かな心情や思考力

の芽生えを培うこと。

（オ）　生活の中で、言葉への興味や関心を育て、話したり、聞いたり、相手の話を理解しようとするなど、言葉の豊かさを養うこと。

（カ）　様々な体験を通して、豊かな感性や表現力を育み、創造性の芽生えを培うこと。

イ　保育所は、入所する子どもの保護者に対し、その意向を受け止め、子どもと保護者の安定した関係に配慮し、保育所の特性や保育士等の専門性を生かして、その援助に当たらなければならない。

（3）　保育の方法

保育の目標を達成するために、保育士等は、次の事項に留意して保育しなければならない。

ア　一人一人の子どもの状況や家庭及び地域社会での生活の実態を把握するとともに、子どもが安心感と信頼感をもって活動できるよう、子どもの主体としての思いや願いを受け止めること。

イ　子どもの生活のリズムを大切にし、健康、安全で情緒の安定した生活ができる環境や、自己を十分に発揮できる環境を整えること。

ウ　子どもの発達について理解し、一人一人の発達過程に応じて保育すること。その際、子どもの個人差に十分配慮すること。

エ　子ども相互の関係づくりや互いに尊重する心を大切にし、集団における活動を効果あるものにするよう援助すること。

オ　子どもが自発的・意欲的に関われるような環境を構成し、子どもの主体的な活動や子ども相互の関わりを大切にすること。特に、乳幼児期にふさわしい体験が得られるように、生活や遊びを通して総合的に保育すること。

カ　一人一人の保護者の状況やその意向を理解、受容し、それぞれの親子関係や家庭生活等に配慮しながら、様々な機会をとらえ、適切に援助すること。

（4）　保育の環境

保育の環境には、保育士等や子どもなどの人的環境、施設や遊具などの物的環境、更には自然や社会の事象などがある。保育所は、こうした人、物、場などの環境が相互に関連し合い、子どもの生活が豊かなものとなるよう、次の事項に留意しつつ、計画的に環境を構成し、工夫して保育しなければならない。

ア　子ども自らが環境に関わり、自発的に活動し、様々な経験を積んでいくことができるよう配慮すること。

イ　子どもの活動が豊かに展開されるよう、保育所の設備や環境を整え、保育所の保健的環境や安全の確保などに努めること。

ウ　保育室は、温かな親しみとくつろぎの場となるとともに、生き生きと活動できる場となるように配慮すること。

エ　子どもが人と関わる力を育てていくため、子ども自らが周囲の子どもや大人と関わっていくことができる環境を整えること。

（5）　保育所の社会的責任

ア　保育所は、子どもの人権に十分配慮するとともに、子ども一人一人の人格を尊重して保育を行わなければならない。

イ　保育所は、地域社会との交流や連携を図り、保護者や地域社会に、当該保育所が行う保育の内容を適切に説明するよう努めなければならない。

ウ　保育所は、入所する子ども等の個人情報を適切に取り扱うとともに、保護者の苦情などに対し、そ

の解決を図るよう努めなければならない。

2 養護に関する基本的事項

（1） 養護の理念

　　保育における養護とは、子どもの生命の保持及び情緒の安定を図るために保育士等が行う援助や関わりであり、保育所における保育は、養護及び教育を一体的に行うことをその特性とするものである。保育所における保育全体を通じて、養護に関するねらい及び内容を踏まえた保育が展開されなければならない。

（2） 養護に関わるねらい及び内容

　ア　生命の保持

　　（ア）　ねらい

　　　　①　一人一人の子どもが、快適に生活できるようにする。

　　　　②　一人一人の子どもが、健康で安全に過ごせるようにする。

　　　　③　一人一人の子どもの生理的欲求が、十分に満たされるようにする。

　　　　④　一人一人の子どもの健康増進が、積極的に図られるようにする。

　　（イ）　内容

　　　　①　一人一人の子どもの平常の健康状態や発育及び発達状態を的確に把握し、異常を感じる場合は、速やかに適切に対応する。

　　　　②　家庭との連携を密にし、嘱託医等との連携を図りながら、子どもの疾病や事故防止に関する認識を深め、保健的で安全な保育環境の維持及び向上に努める。

　　　　③　清潔で安全な環境を整え、適切な援助や応答的な関わりを通して子どもの生理的欲求を満たしていく。また、家庭と協力しながら、子どもの発達過程等に応じた適切な生活のリズムがつくられていくようにする。

　　　　④　子どもの発達過程等に応じて、適度な運動と休息を取ることができるようにする。また、食事、排泄、衣類の着脱、身の回りを清潔にすることなどについて、子どもが意欲的に生活できるよう適切に援助する。

　イ　情緒の安定

　　（ア）　ねらい

　　　　①　一人一人の子どもが、安定感をもって過ごせるようにする。

　　　　②　一人一人の子どもが、自分の気持ちを安心して表すことができるようにする。

　　　　③　一人一人の子どもが、周囲から主体として受け止められ、主体として育ち、自分を肯定する気持ちが育まれていくようにする。

　　　　④　一人一人の子どもがくつろいで共に過ごし、心身の疲れが癒されるようにする。

　　（イ）　内容

　　　　①　一人一人の子どもの置かれている状態や発達過程などを的確に把握し、子どもの欲求を適切に満たしながら、応答的な触れ合いや言葉がけを行う。

　　　　②　一人一人の子どもの気持ちを受容し、共感しながら、子どもとの継続的な信頼関係を築いていく。

　　　　③　保育士等との信頼関係を基盤に、一人一人の子どもが主体的に活動し、自発性や探索意欲などを高めるとともに、自分への自信をもつことができるよう成長の過程を見守り、適切に働き

第6章 資料編

かける。

④　一人一人の子どもの生活のリズム、発達過程、保育時間などに応じて、活動内容のバランスや調和を図りながら、適切な食事や休息が取れるようにする。

3　保育の計画及び評価

（1）　全体的な計画の作成

ア　保育所は、1の（2）に示した保育の目標を達成するために、各保育所の保育の方針や目標に基づき、子どもの発達過程を踏まえて、保育の内容が組織的・計画的に構成され、保育所の生活の全体を通して、総合的に展開されるよう、全体的な計画を作成しなければならない。

イ　全体的な計画は、子どもや家庭の状況、地域の実態、保育時間などを考慮し、子どもの育ちに関する長期的見通しをもって適切に作成されなければならない。

ウ　全体的な計画は、保育所保育の全体像を包括的に示すものとし、これに基づく指導計画、保健計画、食育計画等を通じて、各保育所が創意工夫して保育できるよう、作成されなければならない。

（2）　指導計画の作成

ア　保育所は、全体的な計画に基づき、具体的な保育が適切に展開されるよう、子どもの生活や発達を見通した長期的な指導計画と、それに関連しながら、より具体的な子どもの日々の生活に即した短期的な指導計画を作成しなければならない。

イ　指導計画の作成に当たっては、第2章及びその他の関連する章に示された事項のほか、子ども一人一人の発達過程や状況を十分に踏まえるとともに、次の事項に留意しなければならない。

（ア）　3歳未満児については、一人一人の子どもの生育歴、心身の発達、活動の実態等に即して、個別的な計画を作成すること。

（イ）　3歳以上児については、個の成長と、子ども相互の関係や協同的な活動が促されるよう配慮すること。

（ウ）　異年齢で構成される組やグループでの保育においては、一人一人の子どもの生活や経験、発達過程などを把握し、適切な援助や環境構成ができるよう配慮すること。

ウ　指導計画においては、保育所の生活における子どもの発達過程を見通し、生活の連続性、季節の変化などを考慮し、子どもの実態に即した具体的なねらい及び内容を設定すること。また、具体的なねらいが達成されるよう、子どもの生活する姿や発想を大切にして適切な環境を構成し、子どもが主体的に活動できるようにすること。

エ　一日の生活のリズムや在園時間が異なる子どもが共に過ごすことを踏まえ、活動と休息、緊張感と解放感等の調和を図るよう配慮すること。

オ　午睡は生活のリズムを構成する重要な要素であり、安心して眠ることのできる安全な睡眠環境を確保するとともに、在園時間が異なることや、睡眠時間は子どもの発達の状況や個人によって差があることから、一律とならないよう配慮すること。

カ　長時間にわたる保育については、子どもの発達過程、生活のリズム及び心身の状態に十分配慮して、保育の内容や方法、職員の協力体制、家庭との連携などを指導計画に位置付けること。

キ　障害のある子どもの保育については、一人一人の子どもの発達過程や障害の状態を把握し、適切な環境の下で、障害のある子どもが他の子どもとの生活を通して共に成長できるよう、指導計画の中に位置付けること。また、子どもの状況に応じた保育を実施する観点から、家庭や関係機関と連携した支援のための計画を個別に作成するなど適切な対応を図ること。

（3） 指導計画の展開

指導計画に基づく保育の実施に当たっては、次の事項に留意しなければならない。

ア　施設長、保育士など、全職員による適切な役割分担と協力体制を整えること。

イ　子どもが行う具体的な活動は、生活の中で様々に変化することに留意して、子どもが望ましい方向に向かって自ら活動を展開できるよう必要な援助を行うこと。

ウ　子どもの主体的な活動を促すためには、保育士等が多様な関わりをもつことが重要であることを踏まえ、子どもの情緒の安定や発達に必要な豊かな体験が得られるよう援助すること。

エ　保育士等は、子どもの実態や子どもを取り巻く状況の変化などに即して保育の過程を記録するとともに、これらを踏まえ、指導計画に基づく保育の内容の見直しを行い、改善を図ること。

（4） 保育内容等の評価

ア　保育士等の自己評価

（ア）　保育士等は、保育の計画や保育の記録を通して、自らの保育実践を振り返り、自己評価することを通して、その専門性の向上や保育実践の改善に努めなければならない。

（イ）　保育士等による自己評価に当たっては、子どもの活動内容やその結果だけでなく、子どもの心の育ちや意欲、取り組む過程などにも十分配慮するよう留意すること。

（ウ）　保育士等は、自己評価における自らの保育実践の振り返りや職員相互の話し合い等を通じて、専門性の向上及び保育の質の向上のための課題を明確にするとともに、保育所全体の保育の内容に関する認識を深めること。

イ　保育所の自己評価

（ア）　保育所は、保育の質の向上を図るため、保育の計画の展開や保育士等の自己評価を踏まえ、当該保育所の保育の内容等について、自ら評価を行い、その結果を公表するよう努めなければならない。

（イ）　保育所が自己評価を行うに当たっては、地域の実情や保育所の実態に即して、適切に評価の観点や項目等を設定し、全職員による共通理解をもって取り組むよう留意すること。

（ウ）　設備運営基準第 36 条の趣旨を踏まえ、保育の内容等の評価に関し、保護者及び地域住民等の意見を聴くことが望ましいこと。

（5） 評価を踏まえた計画の改善

ア　保育所は、評価の結果を踏まえ、当該保育所の保育の内容等の改善を図ること。

イ　保育の計画に基づく保育、保育の内容の評価及びこれに基づく改善という一連の取組により、保育の質の向上が図られるよう、全職員が共通理解をもって取り組むことに留意すること。

4　幼児教育を行う施設として共有すべき事項

（1） 育みたい資質・能力

ア　保育所においては、生涯にわたる生きる力の基礎を培うため、1 の（2）に示す保育の目標を踏まえ、次に掲げる資質・能力を一体的に育むよう努めるものとする。

（ア）　豊かな体験を通じて、感じたり、気付いたり、分かったり、できるようになったりする「知識及び技能の基礎」

（イ）　気付いたことや、できるようになったことなどを使い、考えたり、試したり、工夫したり、表現したりする「思考力、判断力、表現力等の基礎」

（ウ）　心情、意欲、態度が育つ中で、よりよい生活を営もうとする「学びに向かう力、人間性等」

イ　アに示す資質・能力は、第2章に示すねらい及び内容に基づく保育活動全体によって育むものである。

（2）　幼児期の終わりまでに育ってほしい姿

　　　次に示す「幼児期の終わりまでに育ってほしい姿」は、第2章に示すねらい及び内容に基づく保育活動全体を通して資質・能力が育まれている子どもの小学校就学時の具体的な姿であり、保育士等が指導を行う際に考慮するものである。

　ア　健康な心と体

　　　保育所の生活の中で、充実感をもって自分のやりたいことに向かって心と体を十分に働かせ、見通しをもって行動し、自ら健康で安全な生活をつくり出すようになる。

　イ　自立心

　　　身近な環境に主体的に関わり様々な活動を楽しむ中で、しなければならないことを自覚し、自分の力で行うために考えたり、工夫したりしながら、諦めずにやり遂げることで達成感を味わい、自信をもって行動するようになる。

　ウ　協同性

　　　友達と関わる中で、互いの思いや考えなどを共有し、共通の目的の実現に向けて、考えたり、工夫したり、協力したりし、充実感をもってやり遂げるようになる。

　エ　道徳性・規範意識の芽生え

　　　友達と様々な体験を重ねる中で、してよいことや悪いことが分かり、自分の行動を振り返ったり、友達の気持ちに共感したりし、相手の立場に立って行動するようになる。また、きまりを守る必要性が分かり、自分の気持ちを調整し、友達と折り合いを付けながら、きまりをつくったり、守ったりするようになる。

　オ　社会生活との関わり

　　　家族を大切にしようとする気持ちをもつとともに、地域の身近な人と触れ合う中で、人との様々な関わり方に気付き、相手の気持ちを考えて関わり、自分が役に立つ喜びを感じ、地域に親しみをもつようになる。また、保育所内外の様々な環境に関わる中で、遊びや生活に必要な情報を取り入れ、情報に基づき判断したり、情報を伝え合ったり、活用したりするなど、情報を役立てながら活動するようになるとともに、公共の施設を大切に利用するなどして、社会とのつながりなどを意識するようになる。

　カ　思考力の芽生え

　　　身近な事象に積極的に関わる中で、物の性質や仕組みなどを感じ取ったり、気付いたりし、考えたり、予想したり、工夫したりするなど、多様な関わりを楽しむようになる。また、友達の様々な考えに触れる中で、自分と異なる考えがあることに気付き、自ら判断したり、考え直したりするなど、新しい考えを生み出す喜びを味わいながら、自分の考えをよりよいものにするようになる。

　キ　自然との関わり・生命尊重

　　　自然に触れて感動する体験を通して、自然の変化などを感じ取り、好奇心や探究心をもって考え言葉などで表現しながら、身近な事象への関心が高まるとともに、自然への愛情や畏敬の念をもつようになる。また、身近な動植物に心を動かされる中で、生命の不思議さや尊さに気付き、身近な動植物への接し方を考え、命あるものとしていたわり、大切にする気持ちをもって関わるようになる。

　ク　数量や図形、標識や文字などへの関心・感覚

　　　遊びや生活の中で、数量や図形、標識や文字などに親しむ体験を重ねたり、標識や文字の役割に気

付いたりし、自らの必要感に基づきこれらを活用し、興味や関心、感覚をもつようになる。

ケ　言葉による伝え合い

　　保育士等や友達と心を通わせる中で、絵本や物語などに親しみながら、豊かな言葉や表現を身に付け、経験したことや考えたことなどを言葉で伝えたり、相手の話を注意して聞いたりし、言葉による伝え合いを楽しむようになる。

コ　豊かな感性と表現

　　心を動かす出来事などに触れ感性を働かせる中で、様々な素材の特徴や表現の仕方などに気付き、感じたことや考えたことを自分で表現したり、友達同士で表現する過程を楽しんだりし、表現する喜びを味わい、意欲をもつようになる。

第2章　保育の内容

　この章に示す「ねらい」は、第1章の1の（2）に示された保育の目標をより具体化したものであり、子どもが保育所において、安定した生活を送り、充実した活動ができるように、保育を通じて育みたい資質・能力を、子どもの生活する姿から捉えたものである。また、「内容」は、「ねらい」を達成するために、子どもの生活やその状況に応じて保育士等が適切に行う事項と、保育士等が援助して子どもが環境に関わって経験する事項を示したものである。

　保育における「養護」とは、子どもの生命の保持及び情緒の安定を図るために保育士等が行う援助や関わりであり、「教育」とは、子どもが健やかに成長し、その活動がより豊かに展開されるための発達の援助である。本章では、保育士等が、「ねらい」及び「内容」を具体的に把握するため、主に教育に関わる側面からの視点を示しているが、実際の保育においては、養護と教育が一体となって展開されることに留意する必要がある。

1　乳児保育に関わるねらい及び内容

（1）　基本的事項

ア　乳児期の発達については、視覚、聴覚などの感覚や、座る、はう、歩くなどの運動機能が著しく発達し、特定の大人との応答的な関わりを通じて、情緒的な絆が形成されるといった特徴がある。これらの発達の特徴を踏まえて、乳児保育は、愛情豊かに、応答的に行われることが特に必要である。

イ　本項においては、この時期の発達の特徴を踏まえ、乳児保育の「ねらい」及び「内容」については、身体的発達に関する視点「健やかに伸び伸びと育つ」、社会的発達に関する視点「身近な人と気持ちが通じ合う」及び精神的発達に関する視点「身近なものと関わり感性が育つ」としてまとめ、示している。

ウ　本項の各視点において示す保育の内容は、第1章の2に示された養護における「生命の保持」及び「情緒の安定」に関わる保育の内容と、一体となって展開されるものであることに留意が必要である。

（2）　ねらい及び内容

ア　健やかに伸び伸びと育つ

　　健康な心と体を育て、自ら健康で安全な生活をつくり出す力の基盤を培う。

（ア）　ねらい

①　身体感覚が育ち、快適な環境に心地よさを感じる。

② 伸び伸びと体を動かし、はう、歩くなどの運動をしようとする。

③ 食事、睡眠等の生活のリズムの感覚が芽生える。

（イ）内容

① 保育士等の愛情豊かな受容の下で、生理的・心理的欲求を満たし、心地よく生活をする。

② 一人一人の発育に応じて、はう、立つ、歩くなど、十分に体を動かす。

③ 個人差に応じて授乳を行い、離乳を進めていく中で、様々な食品に少しずつ慣れ、食べることを楽しむ。

④ 一人一人の生活のリズムに応じて、安全な環境の下で十分に午睡をする。

⑤ おむつ交換や衣服の着脱などを通じて、清潔になることの心地よさを感じる。

（ウ）内容の取扱い

上記の取扱いに当たっては、次の事項に留意する必要がある。

① 心と体の健康は、相互に密接な関連があるものであることを踏まえ、温かい触れ合いの中で、心と体の発達を促すこと。特に、寝返り、お座り、はいはい、つかまり立ち、伝い歩きなど、発育に応じて、遊びの中で体を動かす機会を十分に確保し、自ら体を動かそうとする意欲が育つようにすること。

② 健康な心と体を育てるためには望ましい食習慣の形成が重要であることを踏まえ、離乳食が完了期へと徐々に移行する中で、様々な食品に慣れるようにするとともに、和やかな雰囲気の中で食べる喜びや楽しさを味わい、進んで食べようとする気持ちが育つようにすること。なお、食物アレルギーのある子どもへの対応については、嘱託医等の指示や協力の下に適切に対応すること。

イ　身近な人と気持ちが通じ合う

受容的・応答的な関わりの下で、何かを伝えようとする意欲や身近な大人との信頼関係を育て、人と関わる力の基盤を培う。

（ア）ねらい

① 安心できる関係の下で、身近な人と共に過ごす喜びを感じる。

② 体の動きや表情、発声等により、保育士等と気持ちを通わせようとする。

③ 身近な人と親しみ、関わりを深め、愛情や信頼感が芽生える。

（イ）内容

① 子どもからの働きかけを踏まえた、応答的な触れ合いや言葉がけによって、欲求が満たされ、安定感をもって過ごす。

② 体の動きや表情、発声、喃語等を優しく受け止めてもらい、保育士等とのやり取りを楽しむ。

③ 生活や遊びの中で、自分の身近な人の存在に気付き、親しみの気持ちを表す。

④ 保育士等による語りかけや歌いかけ、発声や喃語等への応答を通じて、言葉の理解や発語の意欲が育つ。

⑤ 温かく、受容的な関わりを通じて、自分を肯定する気持ちが芽生える。

（ウ）内容の取扱い

上記の取扱いに当たっては、次の事項に留意する必要がある。

① 保育士等との信頼関係に支えられて生活を確立していくことが人と関わる基盤となることを考慮して、子どもの多様な感情を受け止め、温かく受容的・応答的に関わり、一人一人に応じた適切な援助を行うようにすること。

② 身近な人に親しみをもって接し、自分の感情などを表し、それに相手が応答する言葉を聞くことを通して、次第に言葉が獲得されていくことを考慮して、楽しい雰囲気の中での保育士等との関わり合いを大切にし、ゆっくりと優しく話しかけるなど、積極的に言葉のやり取りを楽しむことができるようにすること。

ウ 身近なものと関わり感性が育つ

身近な環境に興味や好奇心をもって関わり、感じたことや考えたことを表現する力の基盤を培う。

（ア） ねらい

① 身の回りのものに親しみ、様々なものに興味や関心をもつ。

② 見る、触れる、探索するなど、身近な環境に自分から関わろうとする。

③ 身体の諸感覚による認識が豊かになり、表情や手足、体の動き等で表現する。

（イ） 内容

① 身近な生活用具、玩具や絵本などが用意された中で、身の回りのものに対する興味や好奇心をもつ。

② 生活や遊びの中で様々なものに触れ、音、形、色、手触りなどに気付き、感覚の働きを豊かにする。

③ 保育士等と一緒に様々な色彩や形のものや絵本などを見る。

④ 玩具や身の回りのものを、つまむ、つかむ、たたく、引っ張るなど、手や指を使って遊ぶ。

⑤ 保育士等のあやし遊びに機嫌よく応じたり、歌やリズムに合わせて手足や体を動かして楽しんだりする。

（ウ） 内容の取扱い

上記の取扱いに当たっては、次の事項に留意する必要がある。

① 玩具などは、音質、形、色、大きさなど子どもの発達状態に応じて適切なものを選び、その時々の子どもの興味や関心を踏まえるなど、遊びを通して感覚の発達が促されるものとなるように工夫すること。なお、安全な環境の下で、子どもが探索意欲を満たして自由に遊べるよう、身の回りのものについては、常に十分な点検を行うこと。

② 乳児期においては、表情、発声、体の動きなどで、感情を表現することが多いことから、これらの表現しようとする意欲を積極的に受け止めて、子どもが様々な活動を楽しむことを通して表現が豊かになるようにすること。

（3） 保育の実施に関わる配慮事項

ア 乳児は疾病への抵抗力が弱く、心身の機能の未熟さに伴う疾病の発生が多いことから、一人一人の発育及び発達状態や健康状態についての適切な判断に基づく保健的な対応を行うこと。

イ 一人一人の子どもの生育歴の違いに留意しつつ、欲求を適切に満たし、特定の保育士が応答的に関わるように努めること。

ウ 乳児保育に関わる職員間の連携や嘱託医との連携を図り、第3章に示す事項を踏まえ、適切に対応すること。栄養士及び看護師等が配置されている場合は、その専門性を生かした対応を図ること。

エ 保護者との信頼関係を築きながら保育を進めるとともに、保護者からの相談に応じ、保護者への支援に努めていくこと。

オ 担当の保育士が替わる場合には、子どものそれまでの生育歴や発達過程に留意し、職員間で協力して対応すること。

2　1歳以上3歳未満児の保育に関わるねらい及び内容

（1）　基本的事項

　ア　この時期においては、歩き始めから、歩く、走る、跳ぶなどへと、基本的な運動機能が次第に発達し、排泄の自立のための身体的機能も整うようになる。つまむ、めくるなどの指先の機能も発達し、食事、衣類の着脱なども、保育士等の援助の下で自分で行うようになる。発声も明瞭になり、語彙も増加し、自分の意思や欲求を言葉で表出できるようになる。このように自分でできることが増えてくる時期であることから、保育士等は、子どもの生活の安定を図りながら、自分でしようとする気持ちを尊重し、温かく見守るとともに、愛情豊かに、応答的に関わることが必要である。

　イ　本項においては、この時期の発達の特徴を踏まえ、保育の「ねらい」及び「内容」について、心身の健康に関する領域「健康」、人との関わりに関する領域「人間関係」、身近な環境との関わりに関する領域「環境」、言葉の獲得に関する領域「言葉」及び感性と表現に関する領域「表現」としてまとめ、示している。

　ウ　本項の各領域において示す保育の内容は、第1章の2に示された養護における「生命の保持」及び「情緒の安定」に関わる保育の内容と、一体となって展開されるものであることに留意が必要である。

（2）　ねらい及び内容

　ア　健康

　　健康な心と体を育て、自ら健康で安全な生活をつくり出す力を養う。

　（ア）　ねらい

　　①　明るく伸び伸びと生活し、自分から体を動かすことを楽しむ。

　　②　自分の体を十分に動かし、様々な動きをしようとする。

　　③　健康、安全な生活に必要な習慣に気付き、自分でしてみようとする気持ちが育つ。

　（イ）　内容

　　①　保育士等の愛情豊かな受容の下で、安定感をもって生活をする。

　　②　食事や午睡、遊びと休息など、保育所における生活のリズムが形成される。

　　③　走る、跳ぶ、登る、押す、引っ張るなど全身を使う遊びを楽しむ。

　　④　様々な食品や調理形態に慣れ、ゆったりとした雰囲気の中で食事や間食を楽しむ。

　　⑤　身の回りを清潔に保つ心地よさを感じ、その習慣が少しずつ身に付く。

　　⑥　保育士等の助けを借りながら、衣類の着脱を自分でしようとする。

　　⑦　便器での排泄に慣れ、自分で排泄ができるようになる。

　（ウ）　内容の取扱い

　　　上記の取扱いに当たっては、次の事項に留意する必要がある。

　　①　心と体の健康は、相互に密接な関連があるものであることを踏まえ、子どもの気持ちに配慮した温かい触れ合いの中で、心と体の発達を促すこと。特に、一人一人の発育に応じて、体を動かす機会を十分に確保し、自ら体を動かそうとする意欲が育つようにすること。

　　②　健康な心と体を育てるためには望ましい食習慣の形成が重要であることを踏まえ、ゆったりとした雰囲気の中で食べる喜びや楽しさを味わい、進んで食べようとする気持ちが育つようにすること。なお、食物アレルギーのある子どもへの対応については、嘱託医等の指示や協力の下に適切に対応すること。

③　排泄の習慣については、一人一人の排尿間隔等を踏まえ、おむつが汚れていないときに便器に座らせるなどにより、少しずつ慣れさせるようにすること。

④　食事、排泄、睡眠、衣類の着脱、身の回りを清潔にすることなど、生活に必要な基本的な習慣については、一人一人の状態に応じ、落ち着いた雰囲気の中で行うようにし、子どもが自分でしようとする気持ちを尊重すること。また、基本的な生活習慣の形成に当たっては、家庭での生活経験に配慮し、家庭との適切な連携の下で行うようにすること。

イ　人間関係

他の人々と親しみ、支え合って生活するために、自立心を育て、人と関わる力を養う。

（ア）ねらい

①　保育所での生活を楽しみ、身近な人と関わる心地よさを感じる。

②　周囲の子ども等への興味や関心が高まり、関わりをもとうとする。

③　保育所の生活の仕方に慣れ、きまりの大切さに気付く。

（イ）内容

①　保育士等や周囲の子ども等との安定した関係の中で、共に過ごす心地よさを感じる。

②　保育士等の受容的・応答的な関わりの中で、欲求を適切に満たし、安定感をもって過ごす。

③　身の回りに様々な人がいることに気付き、徐々に他の子どもと関わりをもって遊ぶ。

④　保育士等の仲立ちにより、他の子どもとの関わり方を少しずつ身につける。

⑤　保育所の生活の仕方に慣れ、きまりがあることや、その大切さに気付く。

⑥　生活や遊びの中で、年長児や保育士等の真似をしたり、ごっこ遊びを楽しんだりする。

（ウ）内容の取扱い

上記の取扱いに当たっては、次の事項に留意する必要がある。

①　保育士等との信頼関係に支えられて生活を確立するとともに、自分で何かをしようとする気持ちが旺盛になる時期であることに鑑み、そのような子どもの気持ちを尊重し、温かく見守るとともに、愛情豊かに、応答的に関わり、適切な援助を行うようにすること。

②　思い通りにいかない場合等の子どもの不安定な感情の表出については、保育士等が受容的に受け止めるとともに、そうした気持ちから立ち直る経験や感情をコントロールすることへの気付き等につなげていけるように援助すること。

③　この時期は自己と他者との違いの認識がまだ十分ではないことから、子どもの自我の育ちを見守るとともに、保育士等が仲立ちとなって、自分の気持ちを相手に伝えることや相手の気持ちに気付くことの大切さなど、友達の気持ちや友達との関わり方を丁寧に伝えていくこと。

ウ　環境

周囲の様々な環境に好奇心や探究心をもって関わり、それらを生活に取り入れていこうとする力を養う。

（ア）ねらい

①　身近な環境に親しみ、触れ合う中で、様々なものに興味や関心をもつ。

②　様々なものに関わる中で、発見を楽しんだり、考えたりしようとする。

③　見る、聞く、触るなどの経験を通して、感覚の働きを豊かにする。

（イ）内容

①　安全で活動しやすい環境での探索活動等を通して、見る、聞く、触れる、嗅ぐ、味わうなどの感覚の働きを豊かにする。

②　玩具、絵本、遊具などに興味をもち、それらを使った遊びを楽しむ。

③　身の回りの物に触れる中で、形、色、大きさ、量などの物の性質や仕組みに気付く。

④　自分の物と人の物の区別や、場所的感覚など、環境を捉える感覚が育つ。

⑤　身近な生き物に気付き、親しみをもつ。

⑥　近隣の生活や季節の行事などに興味や関心をもつ。

（ウ）　内容の取扱い

　　　上記の取扱いに当たっては、次の事項に留意する必要がある。

①　玩具などは、音質、形、色、大きさなど子どもの発達状態に応じて適切なものを選び、遊びを通して感覚の発達が促されるように工夫すること。

②　身近な生き物との関わりについては、子どもが命を感じ、生命の尊さに気付く経験へとつながるものであることから、そうした気付きを促すような関わりとなるようにすること。

③　地域の生活や季節の行事などに触れる際には、社会とのつながりや地域社会の文化への気付きにつながるものとなることが望ましいこと。その際、保育所内外の行事や地域の人々との触れ合いなどを通して行うこと等も考慮すること。

エ　言葉

　　経験したことや考えたことなどを自分なりの言葉で表現し、相手の話す言葉を聞こうとする意欲や態度を育て、言葉に対する感覚や言葉で表現する力を養う。

（ア）　ねらい

①　言葉遊びや言葉で表現する楽しさを感じる。

②　人の言葉や話などを聞き、自分でも思ったことを伝えようとする。

③　絵本や物語等に親しむとともに、言葉のやり取りを通じて身近な人と気持ちを通わせる。

（イ）　内容

①　保育士等の応答的な関わりや話しかけにより、自ら言葉を使おうとする。

②　生活に必要な簡単な言葉に気付き、聞き分ける。

③　親しみをもって日常の挨拶に応じる。

④　絵本や紙芝居を楽しみ、簡単な言葉を繰り返したり、模倣をしたりして遊ぶ。

⑤　保育士等とごっこ遊びをする中で、言葉のやり取りを楽しむ。

⑥　保育士等を仲立ちとして、生活や遊びの中で友達との言葉のやり取りを楽しむ。

⑦　保育士等や友達の言葉や話に興味や関心をもって、聞いたり、話したりする。

（ウ）　内容の取扱い

　　　上記の取扱いに当たっては、次の事項に留意する必要がある。

①　身近な人に親しみをもって接し、自分の感情などを伝え、それに相手が応答し、その言葉を聞くことを通して、次第に言葉が獲得されていくものであることを考慮して、楽しい雰囲気の中で保育士等との言葉のやり取りができるようにすること。

②　子どもが自分の思いを言葉で伝えるとともに、他の子どもの話などを聞くことを通して、次第に話を理解し、言葉による伝え合いができるようになるよう、気持ちや経験等の言語化を行うことを援助するなど、子ども同士の関わりの仲立ちを行うようにすること。

③　この時期は、片言から、二語文、ごっこ遊びでのやり取りができる程度へと、大きく言葉の習得が進む時期であることから、それぞれの子どもの発達の状況に応じて、遊びや関わりの工夫など、保育の内容を適切に展開することが必要であること。

オ　表現

感じたことや考えたことを自分なりに表現することを通して、豊かな感性や表現する力を養い、創造性を豊かにする。

（ア）　ねらい

①　身体の諸感覚の経験を豊かにし、様々な感覚を味わう。

②　感じたことや考えたことなどを自分なりに表現しようとする。

③　生活や遊びの様々な体験を通して、イメージや感性が豊かになる。

（イ）　内容

①　水、砂、土、紙、粘土など様々な素材に触れて楽しむ。

②　音楽、リズムやそれに合わせた体の動きを楽しむ。

③　生活の中で様々な音、形、色、手触り、動き、味、香りなどに気付いたり、感じたりして楽しむ。

④　歌を歌ったり、簡単な手遊びや全身を使う遊びを楽しんだりする。

⑤　保育士等からの話や、生活や遊びの中での出来事を通して、イメージを豊かにする。

⑥　生活や遊びの中で、興味のあることや経験したことなどを自分なりに表現する。

（ウ）　内容の取扱い

上記の取扱いに当たっては、次の事項に留意する必要がある。

①　子どもの表現は、遊びや生活の様々な場面で表出されているものであることから、それらを積極的に受け止め、様々な表現の仕方や感性を豊かにする経験となるようにすること。

②　子どもが試行錯誤しながら様々な表現を楽しむことや、自分の力でやり遂げる充実感などに気付くよう、温かく見守るとともに、適切に援助を行うようにすること。

③　様々な感情の表現等を通じて、子どもが自分の感情や気持ちに気付くようになる時期であることに鑑み、受容的な関わりの中で自信をもって表現をすることや、諦めずに続けた後の達成感等を感じられるような経験が蓄積されるようにすること。

④　身近な自然や身の回りの事物に関わる中で、発見や心が動く経験が得られるよう、諸感覚を働かせることを楽しむ遊びや素材を用意するなど保育の環境を整えること。

（3）　保育の実施に関わる配慮事項

ア　特に感染症にかかりやすい時期であるので、体の状態、機嫌、食欲などの日常の状態の観察を十分に行うとともに、適切な判断に基づく保健的な対応を心がけること。

イ　探索活動が十分できるように、事故防止に努めながら活動しやすい環境を整え、全身を使う遊びなど様々な遊びを取り入れること。

ウ　自我が形成され、子どもが自分の感情や気持ちに気付くようになる重要な時期であることに鑑み、情緒の安定を図りながら、子どもの自発的な活動を尊重するとともに促していくこと。

エ　担当の保育士が替わる場合には、子どものそれまでの経験や発達過程に留意し、職員間で協力して対応すること。

3　3歳以上児の保育に関するねらい及び内容

（1）　基本的事項

ア　この時期においては、運動機能の発達により、基本的な動作が一通りできるようになるとともに、基本的な生活習慣もほぼ自立できるようになる。理解する語彙数が急激に増加し、知的興味や関心も

高まってくる。仲間と遊び、仲間の中の一人という自覚が生じ、集団的な遊びや協同的な活動も見られるようになる。これらの発達の特徴を踏まえて、この時期の保育においては、個の成長と集団としての活動の充実が図られるようにしなければならない。

イ　本項においては、この時期の発達の特徴を踏まえ、保育の「ねらい」及び「内容」について、心身の健康に関する領域「健康」、人との関わりに関する領域「人間関係」、身近な環境との関わりに関する領域「環境」、言葉の獲得に関する領域「言葉」及び感性と表現に関する領域「表現」としてまとめ、示している。

ウ　本項の各領域において示す保育の内容は、第1章の2に示された養護における「生命の保持」及び「情緒の安定」に関わる保育の内容と、一体となって展開されるものであることに留意が必要である。

（2）ねらい及び内容

ア　健康

健康な心と体を育て、自ら健康で安全な生活をつくり出す力を養う。

（ア）ねらい

① 明るく伸び伸びと行動し、充実感を味わう。

② 自分の体を十分に動かし、進んで運動しようとする。

③ 健康、安全な生活に必要な習慣や態度を身に付け、見通しをもって行動する。

（イ）内容

① 保育士等や友達と触れ合い、安定感をもって行動する。

② いろいろな遊びの中で十分に体を動かす。

③ 進んで戸外で遊ぶ。

④ 様々な活動に親しみ、楽しんで取り組む。

⑤ 保育士等や友達と食べることを楽しみ、食べ物への興味や関心をもつ。

⑥ 健康な生活のリズムを身に付ける。

⑦ 身の回りを清潔にし、衣服の着脱、食事、排泄（せつ）などの生活に必要な活動を自分でする。

⑧ 保育所における生活の仕方を知り、自分たちで生活の場を整えながら見通しをもって行動する。

⑨ 自分の健康に関心をもち、病気の予防などに必要な活動を進んで行う。

⑩ 危険な場所、危険な遊び方、災害時などの行動の仕方が分かり、安全に気を付けて行動する。

（ウ）内容の取扱い

上記の取扱いに当たっては、次の事項に留意する必要がある。

① 心と体の健康は、相互に密接な関連があるものであることを踏まえ、子どもが保育士等や他の子どもとの温かい触れ合いの中で自己の存在感や充実感を味わうことなどを基盤として、しなやかな心と体の発達を促すこと。特に、十分に体を動かす気持ちよさを体験し、自ら体を動かそうとする意欲が育つようにすること。

② 様々な遊びの中で、子どもが興味や関心、能力に応じて全身を使って活動することにより、体を動かす楽しさを味わい、自分の体を大切にしようとする気持ちが育つようにすること。その際、多様な動きを経験する中で、体の動きを調整するようにすること。

③ 自然の中で伸び伸びと体を動かして遊ぶことにより、体の諸機能の発達が促されることに留意し、子どもの興味や関心が戸外にも向くようにすること。その際、子どもの動線に配慮した園庭や遊具の配置などを工夫すること。

④　健康な心と体を育てるためには食育を通じた望ましい食習慣の形成が大切であることを踏まえ、子どもの食生活の実情に配慮し、和やかな雰囲気の中で保育士等や他の子どもと食べる喜びや楽しさを味わったり、様々な食べ物への興味や関心をもったりするなどし、食の大切さに気付き、進んで食べようとする気持ちが育つようにすること。

⑤　基本的な生活習慣の形成に当たっては、家庭での生活経験に配慮し、子どもの自立心を育て、子どもが他の子どもと関わりながら主体的な活動を展開する中で、生活に必要な習慣を身に付け、次第に見通しをもって行動できるようにすること。

⑥　安全に関する指導に当たっては、情緒の安定を図り、遊びを通して安全についての構えを身に付け、危険な場所や事物などが分かり、安全についての理解を深めるようにすること。また、交通安全の習慣を身に付けるようにするとともに、避難訓練などを通して、災害などの緊急時に適切な行動がとれるようにすること。

イ　人間関係

他の人々と親しみ、支え合って生活するために、自立心を育て、人と関わる力を養う。

（ア）ねらい

①　保育所の生活を楽しみ、自分の力で行動することの充実感を味わう。

②　身近な人と親しみ、関わりを深め、工夫したり、協力したりして一緒に活動する楽しさを味わい、愛情や信頼感をもつ。

③　社会生活における望ましい習慣や態度を身に付ける。

（イ）内容

①　保育士等や友達と共に過ごすことの喜びを味わう。

②　自分で考え、自分で行動する。

③　自分でできることは自分でする。

④　いろいろな遊びを楽しみながら物事をやり遂げようとする気持ちをもつ。

⑤　友達と積極的に関わりながら喜びや悲しみを共感し合う。

⑥　自分の思ったことを相手に伝え、相手の思っていることに気付く。

⑦　友達のよさに気付き、一緒に活動する楽しさを味わう。

⑧　友達と楽しく活動する中で、共通の目的を見いだし、工夫したり、協力したりなどする。

⑨　よいことや悪いことがあることに気付き、考えながら行動する。

⑩　友達との関わりを深め、思いやりをもつ。

⑪　友達と楽しく生活する中できまりの大切さに気付き、守ろうとする。

⑫　共同の遊具や用具を大切にし、皆で使う。

⑬　高齢者をはじめ地域の人々などの自分の生活に関係の深いいろいろな人に親しみをもつ。

（ウ）内容の取扱い

上記の取扱いに当たっては、次の事項に留意する必要がある。

①　保育士等との信頼関係に支えられて自分自身の生活を確立していくことが人と関わる基盤となることを考慮し、子どもが自ら周囲に働き掛けることにより多様な感情を体験し、試行錯誤しながら諦めずにやり遂げることの達成感や、前向きな見通しをもって自分の力で行うことの充実感を味わうことができるよう、子どもの行動を見守りながら適切な援助を行うようにすること。

②　一人一人を生かした集団を形成しながら人と関わる力を育てていくようにすること。その際、

集団の生活の中で、子どもが自己を発揮し、保育士等や他の子どもに認められる体験をし、自分のよさや特徴に気付き、自信をもって行動できるようにすること。

③　子どもが互いに関わりを深め、協同して遊ぶようになるため、自ら行動する力を育てるとともに、他の子どもと試行錯誤しながら活動を展開する楽しさや共通の目的が実現する喜びを味わうことができるようにすること。

④　道徳性の芽生えを培うに当たっては、基本的な生活習慣の形成を図るとともに、子どもが他の子どもとの関わりの中で他人の存在に気付き、相手を尊重する気持ちをもって行動できるようにし、また、自然や身近な動植物に親しむことなどを通して豊かな心情が育つようにすること。特に、人に対する信頼感や思いやりの気持ちは、葛藤やつまずきをも体験し、それらを乗り越えることにより次第に芽生えてくることに配慮すること。

⑤　集団の生活を通して、子どもが人との関わりを深め、規範意識の芽生えが培われることを考慮し、子どもが保育士等との信頼関係に支えられて自己を発揮する中で、互いに思いを主張し、折り合いを付ける体験をし、きまりの必要性などに気付き、自分の気持ちを調整する力が育つようにすること。

⑥　高齢者をはじめ地域の人々などの自分の生活に関係の深いいろいろな人と触れ合い、自分の感情や意志を表現しながら共に楽しみ、共感し合う体験を通して、これらの人々などに親しみをもち、人と関わることの楽しさや人の役に立つ喜びを味わうことができるようにすること。また、生活を通して親や祖父母などの家族の愛情に気付き、家族を大切にしようとする気持ちが育つようにすること。

ウ　環境

　周囲の様々な環境に好奇心や探究心をもって関わり、それらを生活に取り入れていこうとする力を養う。

（ア）　ねらい

①　身近な環境に親しみ、自然と触れ合う中で様々な事象に興味や関心をもつ。

②　身近な環境に自分から関わり、発見を楽しんだり、考えたりし、それを生活に取り入れようとする。

③　身近な事象を見たり、考えたり、扱ったりする中で、物の性質や数量、文字などに対する感覚を豊かにする。

（イ）　内容

①　自然に触れて生活し、その大きさ、美しさ、不思議さなどに気付く。

②　生活の中で、様々な物に触れ、その性質や仕組みに興味や関心をもつ。

③　季節により自然や人間の生活に変化のあることに気付く。

④　自然などの身近な事象に関心をもち、取り入れて遊ぶ。

⑤　身近な動植物に親しみをもって接し、生命の尊さに気付き、いたわったり、大切にしたりする。

⑥　日常生活の中で、我が国や地域社会における様々な文化や伝統に親しむ。

⑦　身近な物を大切にする。

⑧　身近な物や遊具に興味をもって関わり、自分なりに比べたり、関連付けたりしながら考えたり、試したりして工夫して遊ぶ。

⑨　日常生活の中で数量や図形などに関心をもつ。

⑩ 日常生活の中で簡単な標識や文字などに関心をもつ。

⑪ 生活に関係の深い情報や施設などに興味や関心をもつ。

⑫ 保育所内外の行事において国旗に親しむ。

（ウ） 内容の取扱い

上記の取扱いに当たっては、次の事項に留意する必要がある。

① 子どもが、遊びの中で周囲の環境と関わり、次第に周囲の世界に好奇心を抱き、その意味や操作の仕方に関心をもち、物事の法則性に気付き、自分なりに考えることができるようになる過程を大切にすること。また、他の子どもの考えなどに触れて新しい考えを生み出す喜びや楽しさを味わい、自分の考えをよりよいものにしようとする気持ちが育つようにすること。

② 幼児期において自然のもつ意味は大きく、自然の大きさ、美しさ、不思議さなどに直接触れる体験を通して、子どもの心が安らぎ、豊かな感情、好奇心、思考力、表現力の基礎が培われることを踏まえ、子どもが自然との関わりを深めることができるよう工夫すること。

③ 身近な事象や動植物に対する感動を伝え合い、共感し合うことなどを通して自分から関わろうとする意欲を育てるとともに、様々な関わり方を通してそれらに対する親しみや畏敬の念、生命を大切にする気持ち、公共心、探究心などが養われるようにすること。

④ 文化や伝統に親しむ際には、正月や節句など我が国の伝統的な行事、国歌、唱歌、わらべうたや我が国の伝統的な遊びに親しんだり、異なる文化に触れる活動に親しんだりすることを通じて、社会とのつながりの意識や国際理解の意識の芽生えなどが養われるようにすること。

⑤ 数量や文字などに関しては、日常生活の中で子ども自身の必要感に基づく体験を大切にし、数量や文字などに関する興味や関心、感覚が養われるようにすること。

エ　言葉

経験したことや考えたことなどを自分なりの言葉で表現し、相手の話す言葉を聞こうとする意欲や態度を育て、言葉に対する感覚や言葉で表現する力を養う。

（ア） ねらい

① 自分の気持ちを言葉で表現する楽しさを味わう。

② 人の言葉や話などをよく聞き、自分の経験したことや考えたことを話し、伝え合う喜びを味わう。

③ 日常生活に必要な言葉が分かるようになるとともに、絵本や物語などに親しみ、言葉に対する感覚を豊かにし、保育士等や友達と心を通わせる。

（イ） 内容

① 保育士等や友達の言葉や話に興味や関心をもち、親しみをもって聞いたり、話したりする。

② したり、見たり、聞いたり、感じたり、考えたりなどしたことを自分なりに言葉で表現する。

③ したいこと、してほしいことを言葉で表現したり、分からないことを尋ねたりする。

④ 人の話を注意して聞き、相手に分かるように話す。

⑤ 生活の中で必要な言葉が分かり、使う。

⑥ 親しみをもって日常の挨拶をする。

⑦ 生活の中で言葉の楽しさや美しさに気付く。

⑧ いろいろな体験を通じてイメージや言葉を豊かにする。

⑨ 絵本や物語などに親しみ、興味をもって聞き、想像をする楽しさを味わう。

⑩ 日常生活の中で、文字などで伝える楽しさを味わう。

（ウ）　内容の取扱い

　　　上記の取扱いに当たっては、次の事項に留意する必要がある。

①　言葉は、身近な人に親しみをもって接し、自分の感情や意志などを伝え、それに相手が応答し、その言葉を聞くことを通して次第に獲得されていくものであることを考慮して、子どもが保育士等や他の子どもと関わることにより心を動かされるような体験をし、言葉を交わす喜びを味わえるようにすること。

②　子どもが自分の思いを言葉で伝えるとともに、保育士等や他の子どもなどの話を興味をもって注意して聞くことを通して次第に話を理解するようになっていき、言葉による伝え合いができるようにすること。

③　絵本や物語などで、その内容と自分の経験とを結び付けたり、想像を巡らせたりするなど、楽しみを十分に味わうことによって、次第に豊かなイメージをもち、言葉に対する感覚が養われるようにすること。

④　子どもが生活の中で、言葉の響きやリズム、新しい言葉や表現などに触れ、これらを使う楽しさを味わえるようにすること。その際、絵本や物語に親しんだり、言葉遊びなどをしたりすることを通して、言葉が豊かになるようにすること。

⑤　子どもが日常生活の中で、文字などを使いながら思ったことや考えたことを伝える喜びや楽しさを味わい、文字に対する興味や関心をもつようにすること。

オ　表現

　感じたことや考えたことを自分なりに表現することを通して、豊かな感性や表現する力を養い、創造性を豊かにする。

（ア）　ねらい

①　いろいろなものの美しさなどに対する豊かな感性をもつ。

②　感じたことや考えたことを自分なりに表現して楽しむ。

③　生活の中でイメージを豊かにし、様々な表現を楽しむ。

（イ）　内容

①　生活の中で様々な音、形、色、手触り、動きなどに気付いたり、感じたりするなどして楽しむ。

②　生活の中で美しいものや心を動かす出来事に触れ、イメージを豊かにする。

③　様々な出来事の中で、感動したことを伝え合う楽しさを味わう。

④　感じたこと、考えたことなどを音や動きなどで表現したり、自由にかいたり、つくったりなどする。

⑤　いろいろな素材に親しみ、工夫して遊ぶ。

⑥　音楽に親しみ、歌を歌ったり、簡単なリズム楽器を使ったりなどする楽しさを味わう。

⑦　かいたり、つくったりすることを楽しみ、遊びに使ったり、飾ったりなどする。

⑧　自分のイメージを動きや言葉などで表現したり、演じて遊んだりするなどの楽しさを味わう。

（ウ）　内容の取扱い

　　　上記の取扱いに当たっては、次の事項に留意する必要がある。

①　豊かな感性は、身近な環境と十分に関わる中で美しいもの、優れたもの、心を動かす出来事などに出会い、そこから得た感動を他の子どもや保育士等と共有し、様々に表現することなどを通して養われるようにすること。その際、風の音や雨の音、身近にある草や花の形や色など

自然の中にある音、形、色などに気付くようにすること。

② 子どもの自己表現は素朴な形で行われることが多いので、保育士等はそのような表現を受容し、子ども自身の表現しようとする意欲を受け止めて、子どもが生活の中で子どもらしい様々な表現を楽しむことができるようにすること。

③ 生活経験や発達に応じ、自ら様々な表現を楽しみ、表現する意欲を十分に発揮させることができるように、遊具や用具などを整えたり、様々な素材や表現の仕方に親しんだり、他の子どもの表現に触れられるよう配慮したりし、表現する過程を大切にして自己表現を楽しめるように工夫すること。

（3） 保育の実施に関わる配慮事項

ア 第1章の4の（2）に示す「幼児期の終わりまでに育ってほしい姿」が、ねらい及び内容に基づく活動全体を通して資質・能力が育まれている子どもの小学校就学時の具体的な姿であることを踏まえ、指導を行う際には適宜考慮すること。

イ 子どもの発達や成長の援助をねらいとした活動の時間については、意識的に保育の計画等において位置付けて、実施することが重要であること。なお、そのような活動の時間については、保護者の就労状況等に応じて子どもが保育所で過ごす時間がそれぞれ異なることに留意して設定すること。

ウ 特に必要な場合には、各領域に示すねらいの趣旨に基づいて、具体的な内容を工夫し、それを加えても差し支えないが、その場合には、それが第1章の1に示す保育所保育に関する基本原則を逸脱しないよう慎重に配慮する必要があること。

4 保育の実施に関して留意すべき事項

（1） 保育全般に関わる配慮事項

ア 子どもの心身の発達及び活動の実態などの個人差を踏まえるとともに、一人一人の子どもの気持ちを受け止め、援助すること。

イ 子どもの健康は、生理的・身体的な育ちとともに、自主性や社会性、豊かな感性の育ちとがあいまってもたらされることに留意すること。

ウ 子どもが自ら周囲に働きかけ、試行錯誤しつつ自分の力で行う活動を見守りながら、適切に援助すること。

エ 子どもの入所時の保育に当たっては、できるだけ個別的に対応し、子どもが安定感を得て、次第に保育所の生活になじんでいくようにするとともに、既に入所している子どもに不安や動揺を与えないようにすること。

オ 子どもの国籍や文化の違いを認め、互いに尊重する心を育てるようにすること。

カ 子どもの性差や個人差にも留意しつつ、性別などによる固定的な意識を植え付けることがないようにすること。

（2） 小学校との連携

ア 保育所においては、保育所保育が、小学校以降の生活や学習の基盤の育成につながることに配慮し、幼児期にふさわしい生活を通じて、創造的な思考や主体的な生活態度などの基礎を培うようにすること。

イ 保育所保育において育まれた資質・能力を踏まえ、小学校教育が円滑に行われるよう、小学校教師との意見交換や合同の研究の機会などを設け、第1章の4の（2）に示す「幼児期の終わりまでに育って欲しい姿」を共有するなど連携を図り、保育所保育と小学校教育との円滑な接続を図るよう努める

こと。

ウ　子どもに関する情報共有に関して、保育所に入所している子どもの就学に際し、市町村の支援の下に、子どもの育ちを支えるための資料が保育所から小学校へ送付されるようにすること。

（3）　家庭及び地域社会との連携

子どもの生活の連続性を踏まえ、家庭及び地域社会と連携して保育が展開されるよう配慮すること。その際、家庭や地域の機関及び団体の協力を得て、地域の自然、高齢者や異年齢の子ども等を含む人材、行事、施設等の地域の資源を積極的に活用し、豊かな生活体験をはじめ保育内容の充実が図られるよう配慮すること。

第3章　健康及び安全

保育所保育において、子どもの健康及び安全の確保は、子どもの生命の保持と健やかな生活の基本であり、一人一人の子どもの健康の保持及び増進並びに安全の確保とともに、保育所全体における健康及び安全の確保に努めることが重要となる。

また、子どもが、自らの体や健康に関心をもち、心身の機能を高めていくことが大切である。

このため、第1章及び第2章等の関連する事項に留意し、次に示す事項を踏まえ、保育を行うこととする。

1　子どもの健康支援

（1）　子どもの健康状態並びに発育及び発達状態の把握

ア　子どもの心身の状態に応じて保育するために、子どもの健康状態並びに発育及び発達状態について、定期的・継続的に、また、必要に応じて随時、把握すること。

イ　保護者からの情報とともに、登所時及び保育中を通じて子どもの状態を観察し、何らかの疾病が疑われる状態や傷害が認められた場合には、保護者に連絡するとともに、嘱託医と相談するなど適切な対応を図ること。看護師等が配置されている場合には、その専門性を生かした対応を図ること。

ウ　子どもの心身の状態等を観察し、不適切な養育の兆候が見られる場合には、市町村や関係機関と連携し、児童福祉法第25条に基づき、適切な対応を図ること。また、虐待が疑われる場合には、速やかに市町村又は児童相談所に通告し、適切な対応を図ること。

（2）　健康増進

ア　子どもの健康に関する保健計画を全体的な計画に基づいて作成し、全職員がそのねらいや内容を踏まえ、一人一人の子どもの健康の保持及び増進に努めていくこと。

イ　子どもの心身の健康状態や疾病等の把握のために、嘱託医等により定期的に健康診断を行い、その結果を記録し、保育に活用するとともに、保護者が子どもの状態を理解し、日常生活に活用できるようにすること。

（3）　疾病等への対応

ア　保育中に体調不良や傷害が発生した場合には、その子どもの状態等に応じて、保護者に連絡するとともに、適宜、嘱託医や子どものかかりつけ医等と相談し、適切な処置を行うこと。看護師等が配置されている場合には、その専門性を生かした対応を図ること。

イ　感染症やその他の疾病の発生予防に努め、その発生や疑いがある場合には、必要に応じて嘱託医、市町村、保健所等に連絡し、その指示に従うとともに、保護者や全職員に連絡し、予防等について協

力を求めること。また、感染症に関する保育所の対応方法等について、あらかじめ関係機関の協力を得ておくこと。看護師等が配置されている場合には、その専門性を生かした対応を図ること。

ウ　アレルギー疾患を有する子どもの保育については、保護者と連携し、医師の診断及び指示に基づき、適切な対応を行うこと。また、食物アレルギーに関して、関係機関と連携して、当該保育所の体制構築など、安全な環境の整備を行うこと。看護師や栄養士等が配置されている場合には、その専門性を生かした対応を図ること。

エ　子どもの疾病等の事態に備え、医務室等の環境を整え、救急用の薬品、材料等を適切な管理の下に常備し、全職員が対応できるようにしておくこと。

2　食育の推進
（1）　保育所の特性を生かした食育
ア　保育所における食育は、健康な生活の基本としての「食を営む力」の育成に向け、その基礎を培うことを目標とすること。

イ　子どもが生活と遊びの中で、意欲をもって食に関わる体験を積み重ね、食べることを楽しみ、食事を楽しみ合う子どもに成長していくことを期待するものであること。

ウ　乳幼児期にふさわしい食生活が展開され、適切な援助が行われるよう、食事の提供を含む食育計画を全体的な計画に基づいて作成し、その評価及び改善に努めること。栄養士が配置されている場合は、専門性を生かした対応を図ること。

（2）　食育の環境の整備等
ア　子どもが自らの感覚や体験を通して、自然の恵みとしての食材や食の循環・環境への意識、調理する人への感謝の気持ちが育つように、子どもと調理員等との関わりや、調理室など食に関わる保育環境に配慮すること。

イ　保護者や地域の多様な関係者との連携及び協働の下で、食に関する取組が進められること。また、市町村の支援の下に、地域の関係機関等との日常的な連携を図り、必要な協力が得られるよう努めること。

ウ　体調不良、食物アレルギー、障害のある子どもなど、一人一人の子どもの心身の状態等に応じ、嘱託医、かかりつけ医等の指示や協力の下に適切に対応すること。栄養士が配置されている場合は、専門性を生かした対応を図ること。

3　環境及び衛生管理並びに安全管理
（1）　環境及び衛生管理
ア　施設の温度、湿度、換気、採光、音などの環境を常に適切な状態に保持するとともに、施設内外の設備及び用具等の衛生管理に努めること。

イ　施設内外の適切な環境の維持に努めるとともに、子ども及び全職員が清潔を保つようにすること。また、職員は衛生知識の向上に努めること。

（2）　事故防止及び安全対策
ア　保育中の事故防止のために、子どもの心身の状態等を踏まえつつ、施設内外の安全点検に努め、安全対策のために全職員の共通理解や体制づくりを図るとともに、家庭や地域の関係機関の協力の下に安全指導を行うこと。

イ　事故防止の取組を行う際には、特に、睡眠中、プール活動・水遊び中、食事中等の場面では重大事

故が発生しやすいことを踏まえ、子どもの主体的な活動を大切にしつつ、施設内外の環境の配慮や指導の工夫を行うなど、必要な対策を講じること。

ウ　保育中の事故の発生に備え、施設内外の危険箇所の点検や訓練を実施するとともに、外部からの不審者等の侵入防止のための措置や訓練など不測の事態に備えて必要な対応を行うこと。また、子どもの精神保健面における対応に留意すること。

4　災害への備え
（1）　施設・設備等の安全確保
ア　防火設備、避難経路等の安全性が確保されるよう、定期的にこれらの安全点検を行うこと。

イ　備品、遊具等の配置、保管を適切に行い、日頃から、安全環境の整備に努めること。

（2）　災害発生時の対応体制及び避難への備え
ア　火災や地震などの災害の発生に備え、緊急時の対応の具体的内容及び手順、職員の役割分担、避難訓練計画等に関するマニュアルを作成すること。

イ　定期的に避難訓練を実施するなど、必要な対応を図ること。

ウ　災害の発生時に、保護者等への連絡及び子どもの引渡しを円滑に行うため、日頃から保護者との密接な連携に努め、連絡体制や引渡し方法等について確認をしておくこと。

（3）　地域の関係機関等との連携
ア　市町村の支援の下に、地域の関係機関との日常的な連携を図り、必要な協力が得られるよう努めること。

イ　避難訓練については、地域の関係機関や保護者との連携の下に行うなど工夫すること。

第4章　子育て支援

保育所における保護者に対する子育て支援は、全ての子どもの健やかな育ちを実現することができるよう、第1章及び第2章等の関連する事項を踏まえ、子どもの育ちを家庭と連携して支援していくとともに、保護者及び地域が有する子育てを自ら実践する力の向上に資するよう、次の事項に留意するものとする。

1　保育所における子育て支援に関する基本的事項
（1）　保育所の特性を生かした子育て支援
ア　保護者に対する子育て支援を行う際には、各地域や家庭の実態等を踏まえるとともに、保護者の気持ちを受け止め、相互の信頼関係を基本に、保護者の自己決定を尊重すること。

イ　保育及び子育てに関する知識や技術など、保育士等の専門性や、子どもが常に存在する環境など、保育所の特性を生かし、保護者が子どもの成長に気付き子育ての喜びを感じられるように努めること。

（2）　子育て支援に関して留意すべき事項
ア　保護者に対する子育て支援における地域の関係機関等との連携及び協働を図り、保育所全体の体制構築に努めること。

イ　子どもの利益に反しない限りにおいて、保護者や子どものプライバシーを保護し、知り得た事柄の秘密を保持すること。

2 保育所を利用している保護者に対する子育て支援

（1） 保護者との相互理解

ア 日常の保育に関連した様々な機会を活用し子どもの日々の様子の伝達や収集、保育所保育の意図の説明などを通じて、保護者との相互理解を図るよう努めること。

イ 保育の活動に対する保護者の積極的な参加は、保護者の子育てを自ら実践する力の向上に寄与することから、これを促すこと。

（2） 保護者の状況に配慮した個別の支援

ア 保護者の就労と子育ての両立等を支援するため、保護者の多様化した保育の需要に応じ、病児保育事業など多様な事業を実施する場合には、保護者の状況に配慮するとともに、子どもの福祉が尊重されるよう努め、子どもの生活の連続性を考慮すること。

イ 子どもに障害や発達上の課題が見られる場合には、市町村や関係機関と連携及び協力を図りつつ、保護者に対する個別の支援を行うよう努めること。

ウ 外国籍家庭など、特別な配慮を必要とする家庭の場合には、状況等に応じて個別の支援を行うよう努めること。

（3） 不適切な養育等が疑われる家庭への支援

ア 保護者に育児不安等が見られる場合には、保護者の希望に応じて個別の支援を行うよう努めること。

イ 保護者に不適切な養育等が疑われる場合には、市町村や関係機関と連携し、要保護児童対策地域協議会で検討するなど適切な対応を図ること。また、虐待が疑われる場合には、速やかに市町村又は児童相談所に通告し、適切な対応を図ること。

3 地域の保護者等に対する子育て支援

（1） 地域に開かれた子育て支援

ア 保育所は、児童福祉法第48条の4の規定に基づき、その行う保育に支障がない限りにおいて、地域の実情や当該保育所の体制等を踏まえ、地域の保護者等に対して、保育所保育の専門性を生かした子育て支援を積極的に行うよう努めること。

イ 地域の子どもに対する一時預かり事業などの活動を行う際には、一人一人の子どもの心身の状態などを考慮するとともに、日常の保育との関連に配慮するなど、柔軟に活動を展開できるようにすること。

（2） 地域の関係機関等との連携

ア 市町村の支援を得て、地域の関係機関等との積極的な連携及び協働を図るとともに、子育て支援に関する地域の人材と積極的に連携を図るよう努めること。

イ 地域の要保護児童への対応など、地域の子どもを巡る諸課題に対し、要保護児童対策地域協議会など関係機関等と連携及び協力して取り組むよう努めること。

第5章 職員の資質向上

第1章から前章までに示された事項を踏まえ、保育所は、質の高い保育を展開するため、絶えず、一人一人の職員についての資質向上及び職員全体の専門性の向上を図るよう努めなければならない。

1 職員の資質向上に関する基本的事項

（1）保育所職員に求められる専門性

子どもの最善の利益を考慮し、人権に配慮した保育を行うためには、職員一人一人の倫理観、人間性並びに保育所職員としての職務及び責任の理解と自覚が基盤となる。

各職員は、自己評価に基づく課題等を踏まえ、保育所内外の研修等を通じて、保育士・看護師・調理員・栄養士等、それぞれの職務内容に応じた専門性を高めるため、必要な知識及び技術の修得、維持及び向上に努めなければならない。

（2）保育の質の向上に向けた組織的な取組

保育所においては、保育の内容等に関する自己評価等を通じて把握した、保育の質の向上に向けた課題に組織的に対応するため、保育内容の改善や保育士等の役割分担の見直し等に取り組むとともに、それぞれの職位や職務内容等に応じて、各職員が必要な知識及び技能を身につけられるよう努めなければならない。

2 施設長の責務

（1）施設長の責務と専門性の向上

施設長は、保育所の役割や社会的責任を遂行するために、法令等を遵守し、保育所を取り巻く社会情勢等を踏まえ、施設長としての専門性等の向上に努め、当該保育所における保育の質及び職員の専門性向上のために必要な環境の確保に努めなければならない。

（2）職員の研修機会の確保等

施設長は、保育所の全体的な計画や、各職員の研修の必要性等を踏まえて、体系的・計画的な研修機会を確保するとともに、職員の勤務体制の工夫等により、職員が計画的に研修等に参加し、その専門性の向上が図られるよう努めなければならない。

3 職員の研修等

（1）職場における研修

職員が日々の保育実践を通じて、必要な知識及び技術の修得、維持及び向上を図るとともに、保育の課題等への共通理解や協働性を高め、保育所全体としての保育の質の向上を図っていくためには、日常的に職員同士が主体的に学び合う姿勢と環境が重要であり、職場内での研修の充実が図られなければならない。

（2）外部研修の活用

各保育所における保育の課題への的確な対応や、保育士等の専門性の向上を図るためには、職場内での研修に加え、関係機関等による研修の活用が有効であることから、必要に応じて、こうした外部研修への参加機会が確保されるよう努めなければならない。

4 研修の実施体制等

（1）体系的な研修計画の作成

保育所においては、当該保育所における保育の課題や各職員のキャリアパス等も見据えて、初任者から管理職員までの職位や職務内容等を踏まえた体系的な研修計画を作成しなければならない。

（2）　組織内での研修成果の活用

　　外部研修に参加する職員は、自らの専門性の向上を図るとともに、保育所における保育の課題を理解し、その解決を実践できる力を身に付けることが重要である。また、研修で得た知識及び技能を他の職員と共有することにより、保育所全体としての保育実践の質及び専門性の向上につなげていくことが求められる。

（3）　研修の実施に関する留意事項

　　施設長等は保育所全体としての保育実践の質及び専門性の向上のために、研修の受講は特定の職員に偏ることなく行われるよう、配慮する必要がある。また、研修を修了した職員については、その職務内容等において、当該研修の成果等が適切に勘案されることが望ましい。

配偶者からの暴力の被害者の子どもの就学について（通知）（抄）

平成21年7月13日　21生参学第7号

２．指導要録の取扱いについて

（１）指導要録の取扱い

　指導要録は、児童及び生徒の学籍並びに指導の過程及び結果の要約を記録し、その後の指導及び外部に対する証明等に役立たせるための原簿となるものであり、児童及び生徒の転学の際には、転出元の校長が転学先の校長に指導要録の写し等を送付すること（学校教育法施行規則第24条第3項）。これは、転学先の学校において、進級や卒業の認定を行ったり調査書を作成したりする際に、転出元の指導要録の写し等が必要なためであり、写し等が送付されないと転学先での指導等に支障が生じることがある。

　また、児童及び生徒の転学の際には、転出元の指導要録に転学先の学校名及び所在地も記載すること（「小学校児童指導要録、中学校生徒指導要録、高等学校生徒指導要録、中等教育学校生徒指導要録並びに盲学校、聾学校及び養護学校の小学部児童指導要録、中学部生徒指導要録及び高等部生徒指導要録の改善等について」（平成13年4月27日付け13文科初第193号通知））。

（２）配偶者からの暴力の被害者の子どもについての配慮事項

　配偶者からの暴力の被害者の子どもについては、転学した児童及び生徒の指導要録の記述を通じて転学先の学校名や所在地等の情報が配偶者（加害者）に伝わることが懸念される場合がある。

　このような特別の事情がある場合には、下記3の留意事項を参照し、配偶者からの暴力の被害者の子どもの就学であることを関係者間で共有するとともに、転学先の学校名や所在地等の情報を知り得る者については必要最小限の範囲に制限するなど、情報を特に厳重に管理した上で、転出元の学校から転学先の学校へ児童及び生徒の指導要録の写し等を送付すること。

３．転学先や居住地等の情報の管理について

　配偶者からの暴力の被害者の子どもの転学先や居住地等の情報については、各地方公共団体の個人情報保護条例等に則り、配偶者暴力相談支援センターや福祉部局等との連携を図りながら、厳重に管理すること。

　また、就学事務に携わる職員及び学齢簿や指導要録等の保存の責任者は、配偶者からの暴力の被害者の子どもであるなどの特別の事情があることを十分認識し、転学先や居住地等の情報を記している学齢簿や指導要録等の開示請求等については、特に慎重に対応すること。配偶者（加害者）が児童及び生徒の法定代理人として学齢簿や指導要録等の開示請求をしたような場合でも、教育委員会や学校にあっては、「個人情報の保護に関する法律」（平成15年法律第57号）において、「本人又は第三者の生命、身体、財産その他の権利利益を害するおそれがある場合」はその全部又は一部を開示しないことができる（同法第25条第1項）とされていることや、「学校における生徒等に関する個人情報の適正な取扱いを確保するために事業者が講ずべき措置に関する指針」（平成16年文部科学省告示第161号）において、個人データの開示に関し、「本人の法定代理人から当該本人に関する保有個人データの開示を求められた場合におけるその開示又は非開示の決定に当たっては、当該本人に対する児童虐待（児童虐待の防止等に関する法律（平成12年法律第82号）第2条に規定する児童虐待をいう。）及び当該本人が同居する家庭における配偶者からの暴力（配偶者からの暴力の防止及び被害者の保護に関する法律（平成13年法律第31号）第1条第1項に規定する配偶者からの暴力をいう。）のおそれの有無を勘案すること」とされていること等も踏まえながら、それぞれの地方公共団体の個人情報保護条例等に則り、適切に対応すること。

個人情報の保護に関する法律（抄）

平成 15 年法律第 57 号

一部改正：令和 5 年法律第 47 号 令和 5 年 6 月 7 日公布

第四章　個人情報取扱事業者の義務等

（定義）

第十六条　2　この章及び第六章から第八章までにおいて「個人情報取扱事業者」とは、個人情報データベース等を事業の用に供している者をいう。ただし、次に掲げる者を除く。

一　国の機関

二　地方公共団体

三　独立行政法人等

四　地方独立行政法人

（第三者提供の制限）

第二十七条　個人情報取扱事業者は、次に掲げる場合を除くほか、あらかじめ本人の同意を得ないで、個人データを第三者に提供してはならない。

一　法令に基づく場合

二　人の生命、身体又は財産の保護のために必要がある場合であって、本人の同意を得ることが困難であるとき。

三　公衆衛生の向上又は児童の健全な育成の推進のために特に必要がある場合であって、本人の同意を得ることが困難であるとき。

四　国の機関若しくは地方公共団体又はその委託を受けた者が法令の定める事務を遂行することに対して協力する必要がある場合であって、本人の同意を得ることにより当該事務の遂行に支障を及ぼすおそれがあるとき。

五　当該個人情報取扱事業者が学術研究機関等である場合であって、当該個人データの提供が学術研究の成果の公表又は教授のためやむを得ないとき（個人の権利利益を不当に侵害するおそれがある場合を除く。）。

六　当該個人情報取扱事業者が学術研究機関等である場合であって、当該個人データを学術研究目的で提供する必要があるとき（当該個人データを提供する目的の一部が学術研究目的である場合を含み、個人の権利利益を不当に侵害するおそれがある場合を除く。）（当該個人情報取扱事業者と当該第三者が共同して学術研究を行う場合に限る。）。

七　当該第三者が学術研究機関等である場合であって、当該第三者が当該個人データを学術研究目的で取り扱う必要があるとき（当該個人データを取り扱う目的の一部が学術研究目的である場合を含み、個人の権利利益を不当に侵害するおそれがある場合を除く。）。

第6章 資料編

●監修 無藤 隆（むとう・たかし） 白梅学園大学 名誉教授

東京大学教育学部教育心理学科卒業。聖心女子大学文学部講師、お茶の水女子大学生活科学部教授、白梅学園短期大学学長、白梅学園大学教授を経て、現職。教育学の中でも、保育関連や心理学系統が専門。文部科学省中央教育審議会教育課程部会幼児教育部会主査、内閣府幼保連携型認定こども園教育・保育要領の改訂に関する検討会座長等を歴任。著書多数。

●編著 大方美香（おおがた・みか） 大阪総合保育大学大学院 教授、大阪総合保育大学 学長

聖和大学教育学部卒業後、曽根幼稚園に勤務する。聖和大学大学院修了後、自宅を開放した地域の子育てサロン、城南学園子ども総合保育センターを立ち上げる。大阪城南女子短期大学教授を経て、現職。博士（教育学）。教育学の中でも保育関連が専門。文部科学省中央教育審議会教育課程部会幼児教育部会委員、厚生労働省社会保障審議会児童部会保育専門委員会委員。著書多数。

要録記入例等執筆	大久保めぐみ（あいのそのこども園 園長）
	阪本好美（元・泉南市立浜保育所 所長）
	野上千春（幼保連携型認定こども園博愛社こども園 園長）
	宮川友理子（長居保育園 園長）
「育ちの姿シート」記入例執筆	佐々木 晃（元・鳴門教育大学附属幼稚園 園長）
協力	鈴木八重子（元・文京区立保育園 園長）

カバー、CD-ROM デザイン	株式会社リナリマ
カバー、CD-ROM イラスト	カモ
本文デザイン	鷹觜麻衣子
マンガ	ゼリービーンズ
本文イラスト	有栖サチコ、ゼリービーンズ、たかしまよーこ、中小路ムツヨ、みやれいこ
取材・文	小林洋子（有限会社遊文社）
本文 DTP	鷹觜麻衣子、有限会社ドット テトラ
本文校正	有限会社くすのき舎
CD-ROM 製作	株式会社エムツークリエイト
	株式会社ケーエヌコーポレーションジャパン
編集協力	株式会社童夢
編集	井上淳子、田島美穂、石山哲郎、西岡育子

チャイルド本社ホームページ
https://www.childbook.co.jp/
チャイルドブックや
保育図書の情報が盛りだくさん。
どうぞご利用ください。

書ける！ 伝わる！
保育所児童保育要録 書き方＆文例集 平成 30 年度実施

CD-ROM 付き

2018 年 12 月 初版第 1 刷発行
2023 年 12 月 第 7 刷発行

監修者	無藤 隆
編著者	大方美香
発行人	大橋 潤
編集人	竹久美紀
発行所	株式会社チャイルド本社
	〒 112-8512 東京都文京区小石川 5-24-21
	電話 03-3813-2141（営業） 03-3813-9445（編集）
	振替 00100-4-38410
印刷・製本	共同印刷株式会社

©Child Honsha Co.,LTD. 2018 Printed in JAPAN
ISBN978-4-8054-0278-8 NDC376 26 × 21cm 192P

■乱丁・落丁本はお取り替えいたします。
■本書の無断転載、複写複製（コピー）は、著作権法上での例外を除き禁じられています。
■本書を代行業者等の第三者に依頼してスキャンやデジタル化することは、たとえ個人や家庭内の利用であっても、著作権法上、認められておりません。

【CD-ROM に収録されているデジタルコンテンツの使用許諾と禁止事項】
・本書付属の CD-ROM に収録されているデジタルコンテンツは、本書を購入された個人または法人が、その私的利用の範囲内においてお使いいただけます。
・本コンテンツを無断で複製して、第三者に販売・貸与・譲渡・頒布（インターネットを通じた提供も含む）することは、著作権法で固く禁じられています。
・本書付属の CD-ROM の図書館外への貸し出しを禁じます。